Gerhard Kardinal Müller

Benedikt und Franziskus

Gerhard Kardinal Müller

Benedikt und Franziskus

Ihr Dienst in der Nachfolge Petri

Zehn Jahre Papst Benedikt

HERDER

FREIBURG · BASEL · WIEN

MIX
Papier aus verantwortungsvollen Quellen
FSC® C083411
www.fsc.org

www.herder.de

Umschlaggestaltung: Verlag Herder GmbH
Umschlagmotive: Bild Vorderseite: © L'Osservatore Romano /
Bilder Rückseite: © ullstein bild – Reuters / POOL, © L'Osservatore Romano

Satz: Barbara Herrmann, Freiburg
Herstellung: CPI books GmbH, Leck

Printed in Germany

ISBN 978-3-451-34860-0

Inhalt

Der Primat Petri im Pontifikat von Benedikt XVI.

Rom, Campo Santo 17. April 2015

Am 19. April 2005 hörte die katholische Welt die unvergesslichen Worte von der Loggia des Petersdoms: „*Annuntio vobis gaudium magnum. Habemus Papam: Eminentissimum ac Reverendissimum Dominum Josephum Sanctae Romanae Ecclesiae Cardinalem Ratzinger.*" Das Pontifikat von Benedikt XVI. währte fast acht Jahre lang bis zum 28. Februar 2013.

Es ist jetzt nicht die Gelegenheit, dieses Pontifikat kirchengeschichtlich zu würdigen oder gar sich auf Kontroversen einzulassen, die sich bei der Würdigung jeder historischen Persönlichkeit ergeben. Vielmehr geht es darum, *theologisch* zu fragen, wie durch Papst Benedikt unser Glaube an Jesus Christus gefördert wurde und wie wir zu einem tieferen Verständnis des ganzen Heilsmysteriums der Offenbarung des dreieinigen Gottes und damit der Mission der Kirche in unserer Zeit geführt worden sind.

Die Päpste sind als Nachfolger Petri das sichtbare Haupt der pilgernden Kirche und als Hirten und Lehrer der universalen Kirche Stellvertreter Jesu Christi, der aufgrund der Inkarnation nicht von der Kirche, seinem Leib, zu trennen ist.

Es sind nicht die Kardinäle, die dem neu zu wählenden Hirten der Universalkirche eine Vollmacht übertragen. Deshalb übt der Papst seine Autorität auch nicht im Namen der Kirche aus, bzw. im Namen des Bischofskollegiums, dessen Haupt er ist, oder der römischen Kirche, die mittels des Kardinalskollegiums und der Dikasterien der römischen Kurie die universalkirchlichen Aufgaben des Papstes mitträgt. Der Papst verantwortet sich vor Jesus Christus allein und wird von der römischen Kirche in seinem universalen Dienst unterstützt. Jesus Christus, der Herr und das Haupt seiner Kirche, ist der Souverän, von dem alle geistliche Vollmacht ausgeht, das Volk Gottes in der Kraft des Heiligen Geistes zu leiten, zu lehren und zu heiligen (vgl. LG 20). Die Beratungen der Kardinäle im Vorkonklave mit der Suche nach einem geeigneten Kandidaten und die Vereinigung der Stimmen zu einer moralischen Mehrheit von über zwei Drittel im Konklave sind nur eine Bitte an Gott: „Zeige, wen *du* erwählt hast" (Apg 1,24).

Jesus Christus, das wahre Haupt der Kirche, verleiht dem römischen Bischof als Nachfolger des Apostels Petrus die Vollmacht, ihn als den universalen Lehrer und Hirten in der pilgernden Kirche auf Erden sichtbar darzustellen. Der dem Bischof von Rom zukommende heilige Primat mit seinem unfehlbaren Lehramt ist nichts anderes als die Aktualität des immerwährenden und sichtbaren Prinzips und Fundaments der Glaubenseinheit und der Gemeinschaft, das Christus selbst in der Person des heiligen Petrus für immer in die Kirche eingestiftet hat (vgl. LG 18). Der Primat der römischen Kirche mit ihrem Bischof verdankt sich nicht einem Anspruch auf eine Überlegenheit über andere Ortskirchen oder einem über Jahrhunderte geschickt organisierten Machtwillen des Klerus der Hauptstadt eines Imperiums, sondern dem Stiftungswillen des Herrn der Kirche. Indem Petrus in Rom das Martyrium erlitten hat, geht sein primatiales Apostolat auf die Kirche von Rom über und somit auf ihr sichtbares Haupt, den Bischof von Rom. Der Primat des Petrus blitzte nicht als Ideal über der realen Welt einmal auf, um sich dann im Gang der Geschichte immer mehr zu verdunkeln und im Auf und Ab der Geschichte seine Kontur zu verlieren. Um Wesen und Mission des Bischofsamtes und des Primates zu begreifen, muss man über ein naturalistisch-vereinsrechtliches Verständnis der Kirche hinausgehen. Die Kirche hat ihren Ursprung im Heilswillen Gottes und ist dessen Instrument. Ihrem Wesen und ihrer Sendung nach ist sie nicht eine bloß von Menschen organisierte Religionsgemeinschaft. Auch der Dualismus zwischen einem überzeitlichen Idealbild und seinem schwachen Abglanz in der geschichtlichen Verwirklichung muss überwunden werden.

„Der einzige Mittler Christus hat seine heilige Kirche, die Gemeinschaft des Glaubens, der Hoffnung und der Liebe, hier auf Erden als sichtbares Gefüge verfasst und trägt sie als solches unablässig; so gießt er durch sie Wahrheit und Gnade auf alle aus. [...] Dies ist die einzige Kirche Christi, die wir im Glaubensbekenntnis als die eine, heilige, katholische und apostolische bekennen. Sie zu weiden, hat unser Erlöser nach seiner Auferstehung dem Petrus übertragen (Joh 21,17), ihm und den übrigen Aposteln hat er ihre Ausbreitung und Leitung anvertraut (vgl. Mt 28,18ff.), für immer har er sie als ‚Säule und Feste der Wahrheit' errichtet (1 Tim 3,15)" (LG 8).

Die Kirche als inkarnierte Wirklichkeit

Erst von der Inkarnation des Logos her erschließt sich uns das vollkommen Neue der Kirche, die das reale und zeichenhafte Anwesend-Sein des Herrn bedeutet. „Haupt und Leib: der eine und ganze Christus" (Augustinus, *Sermo* 341,1). Mit dieser berühmten Formel hat Augustinus, der lebenslange Gesprächspartner und Freund des Theologen Joseph Ratzinger, das paulinische Kirchenverständnis auf den Punkt gebracht. Sowenig Gott bloß ein Ideal der reinen Vernunft ist, sowenig hat Christus nur ein Idealbild von Kirche gestiftet. Indem die zweite göttliche Person die menschliche Natur angenommen hat, ist auch die sichtbare Gemeinschaft der Jünger in der Nachfolge Jesu zum Sakrament geworden, das die übernatürliche Lebensgemeinschaft der Glaubenden darstellt und konkret vermittelt (vgl. LG 8).

Diese sichtbare, vom Papst und den Bischöfen in Einheit mit ihm geleitete Kirche ist Haus und Volk Gottes, der Leib Christi und der Tempel des Heiligen Geistes. Jesus berief konkrete Menschen bei ihrem Namen, um ihnen Anteil zu geben an seiner Sendung und Vollmacht (vgl. Mk 3,13-19). An erster Stelle der zwölf namentlich genannten Apostel steht der Fischer Simon, dem Jesus den Namen Petrus gab, um damit seine bleibende Rolle für die Kirche zu bezeichnen. Das Fleisch gewordene Wort Gottes, Jesus Christus, erniedrigte sich in die Knechtsgestalt seines menschlichen Leibes, der dem Gesetz des Leidens und des Todes unterworfen war. Dazu gehört auch das Risiko, seine Sendung und Vollmacht Menschen zu übergeben, die – in den Grenzen ihrer Individualität gefangen – im Amt versagen, in der Mittelmäßigkeit versanden und ihren Herrn verleugnen und verraten können. Die Schattenseiten der Kirchengeschichte, das moralische Versagen auch mancher ihrer höchsten Würdenträger rechtfertigen aber nicht den Rückzug der Gläubigen in ein Kirchenideal der reinen Jenseitigkeit, die Ablehnung der konkreten Kirche mit Berufung auf ein angebliches Idealbild der alten Kirche, die es in geschichtlicher Vorzeit einmal gegeben haben soll, oder auch die Projektion einer nach dem eigenen Bild und Gleichnis erträumten Kirche in eine utopische Zukunft.

Christus blieb zwar selbst von Sünden frei, er hat aber an seinem Leib all das Menschliche, das durch die Sünde entstellt war, ertragen, erlitten und erlöst. Christus, das Haupt seines Leibes, „hat die Kirche geliebt und sich für sie dahingegeben, um sie im Wasser und durch das Wort rein und heilig zu machen. So will er die Kirche herrlich vor sich erscheinen lassen, ohne Flecken, Falten und andere Fehler; heilig soll sie sein und makellos" (Eph 5,26f.).

Die Kirche ist in ihrer sakramentalen Heiligkeit, die nicht mit der moralischen Heiligkeit ihrer Glieder zusammenfällt, wirksames Zeichen der in Christus schon geschehenen Erlösung, zugleich aber auch – in den Sünden und Fehlern ihrer Glieder – der Hinweis auf die Erlösungsbedürftigkeit der gesamten Menschheit in Vergangenheit, Gegenwart und Zukunft. Wenn der Katholik also sagt: *Credo Ecclesiam*, so meint er nicht ein mystisches, jenseitiges oder utopisches Idealbild von Kirche, sondern die konkrete Kirche, die „zugleich heilig ist und doch stets der Erneuerung bedürftig bleibt" (LG 8). Die konkrete Kirche „geht immerfort den Weg der Buße und der Erneuerung. Sie schreitet zwischen den Verfolgungen der Welt und den Tröstungen Gottes auf ihrem Pilgerweg dahin und verkündet das Kreuz und den Tod des Herrn, bis er wiederkommt" (LG 8).

Wer sich der Heilsgeschichte und der Inkarnation in ihrer ganzen Konsequenz bewusst wird, der nimmt an der konkreten geschichtlichen Gestalt der Kirche, die, wie Papst Franziskus sagt, nicht nur strahlend, sondern auch „zerbeult“ ist, keinen Anstoß. Er flüchtet nicht aus der irdischen Kirche in ein abstraktes Ideal, das vom Staub und Schmutz des Allzumenschlichen unberührt bleibt. Wir erwachen nicht aus einem schönen Traum und werden mit der elenden Wirklichkeit konfrontiert. Echte Frömmigkeit träumt nicht, sondern stellt sich tapfer und freudig in den Dienst der Erlösung durch Christus, der in seinem Leib, der Kirche, durch diese reale Welt geht, mit ihrer Hoffnung und Freude, aber auch ihrer Sünde und ihrem Unglauben.

Die dogmengeschichtliche Entfaltung der Ekklesiologie und darin auch ein vertieftes Verständnis des Bischofsamtes und des päpstlichen Primates stellt sich im Nachhinein nicht als Konglomerat von heterogenen Elementen dar, die von einer Ideologie der Macht und des Interesses zusammengefügt worden wären. Es geht vielmehr um die geistig-begriffliche und lebensmäßige Ausfaltung dessen, was im geoffenbarten Glauben an das Mysterium der Kirche enthalten ist, damit die Kirche in den jeweils neuen gesellschaftlichen Konstellationen und geistes- und kulturgeschichtlichen Herausforderungen ihre Mission ausüben kann.

Alle Worte der Beauftragung und Sendung des Simon Petrus, die Jesus während seines irdischen Wirkens gesprochen hat, sind persönlich zu den jeweiligen Nachfolgern des Ersten der Apostel auf der Kathedra Petri gesagt. Simon, der Fischer vom See Genezareth, war ein historischer Mensch, nicht eine ideale Kunstfigur. Dieser konkrete, individuelle Mensch mit seiner Herkunft und Lebensgeschichte, mit menschlichen Stärken und Grenzen wird zum Werkzeug der Gnade, zum Diener des Wortes und zum Augenzeugen des gekreuzigten und auferstandenen Herrn, der verheißen hat, immer bei der Kirche zu bleiben bis zum Ende der Welt.

Indem Petrus einst bei Cäsarea Philippi das der Offenbarung des Vaters entstammende Bekenntnis der Kirche zusammenfasst: „Du bist der Messias, der Sohn des lebendigen Gottes!", vernimmt er für sich und seine Nachfolger die Verheißung und den Auftrag: „Ich aber sage dir: Du bist Petrus, und auf diesen Felsen werde ich meine Kirche bauen, und die Mächte der Unterwelt werden sie nicht überwältigen. Ich werde dir die Schlüssel des Himmelreichs geben" (Mt 16,18f.). Jesus fragte die Gesamtheit der Jünger, für wen sie ihn halten, und Petrus antwortet in seiner Person für alle. Und Jesus richtet sich an die ganze Kirche in der Person des Petrus.

Im Abendmahlsaal in der Nacht vor seinem Tod, als sich das endgültige Schicksal der ganzen Menschheit vor

Gott entscheidet, sagt Jesus zu Petrus: „Und wenn du dich wieder bekehrt hast, dann stärke deine Brüder" (Lk 22,32). Er, der Sohn, hat mit unfehlbarer Wirksamkeit zum Vater gebetet, dass der Glaube des Petrus nicht erlösche und damit Petrus nach seiner Bekehrung die Brüder und Schwestern im Glauben an Christus, den Sohn des lebendigen Gottes, das Fleisch gewordene Wort Gottes, stärke.

Der auferstandene Herr offenbart sich den Jüngern am See von Tiberias. Dreimal fragt er Petrus, ob er ihn mehr liebe als diese. Petrus ist traurig, so an sein Versagen und die Verleugnung im Vorhof des Gerichtes erinnert zu werden. Aber dieses Verhältnis zu Jesus in unbedingtem Vertrauen und unbegrenzter Liebe bis in das Martyrium von Wort und Leben hinein verleiht Petrus eine einzigartige Autorität für die universale Kirche. Jesus sagt dreimal zu ihm: „Weide meine Lämmer! Weide meine Schafe! Weide meine Schafe!" (Joh 21,15-18).

In Petrus üben die Päpste das Hirtenamt Christi aus, der gekommen ist, um sein Leben hinzugeben für seine Schafe. Das Erste Vatikanum formuliert der gesamten Tradition gemäß so: „Daher hat jeder, der auf diesem Stuhl Petrus nachfolgt, gemäß der Einsetzung Christi selbst den Primat des Petrus über die gesamte Kirche inne" (DH 3057).

Begleitet sind alle drei ekklesiologischen Auftragsworte, die das Wesen des Primates Petri beschreiben, von Hinweisen auf menschliche Grenzen des Simon Petrus, sei es dass er die Messianität Jesu von seinem Leiden und seiner Knechtsgestalt trennen will, sei es dass er angesichts der Gefahr für sein Leben und Ansehen dem Bekenntnis zu Jesus, dem Sohn des lebendigen Gottes, öffentlich ausweicht.

Die nichtkatholische Exegese hat im Tadel des Petrus und seiner Verleugnung oder auch im antiochenischen Zwischenfall, als Paulus dem Petrus entgegentrat, weil er sich in der praktischen Konsequenz der Gemeinschaft von Beschnittenen und Unbeschnittenen „ins Unrecht gesetzt hatte" (Gal 2,11), immer wieder eine Relativierung der Primatsverheißung sehen wollen. Wenn das zuträfe, müsste man auch annehmen, dass Christus sich bei der Wahl seiner Apostel hätte täuschen lassen oder in seinen Idealvorstellungen von der Wirklichkeit eingeholt worden wäre, so als ob er in der Gründung einer Kirche als Haus Gottes für alle Völker gescheitert wäre.

„Aber warum hat Christus in seiner göttlichen Macht und Allwissenheit nicht die Weisen, die Starken, die Hochgeachteten zu seinen Aposteln, Bischöfen und Päpsten gewählt?", fragen wir mit allzu menschlich kleingläubigem Sinn – und bekommen von Paulus die Antwort: „Damit kein Mensch sich rühmen kann vor Gott" (1 Kor 1,29). Aber der Gnade Gottes entsprechend sind die Apostel wie Baumeister am Haus Gottes, das ein für alle Mal sein Fundament in Christus hat. Die nach den Aposteln kommen, sollen sehen, wie sie daran weiterbauen – mit Gold und Silber, kostbaren

Steinen oder mit Holz, Heu und Stroh (vgl. 1 Kor 3,10f.). Das letzte Wort über einen anderen Menschen und auch über einen Papst hat nur Gott, der allein nach Recht und Gerechtigkeit urteilt. Mitwirken am Aufbau des Reiches Gottes soll jeder nach dem Maß der Gnade und seinem natürlichen Können. Erst im Gericht Gottes erfolgt das Urteil über unser Werk als „Gottes Mitarbeiter“ (1 Kor 3,9) und „Mitarbeiter der Wahrheit“ (3 Joh 8).

So können wir jedes Pontifikat eines Papstes als eine Wegstrecke der Kirchengeschichte, als eine spezifische Realisierung des bleibenden Petrusprimats verstehen – vermittelt durch die Persönlichkeit dessen, der von Gott selbst zum Aufbau seines Hauses berufen worden ist.

Es hat religiös und theologisch gesprochen wenig Sinn, die einzelnen Personen auf dem Stuhl Petri und die Pontifikate der Päpste nach weltlichen Urteilskriterien untereinander zu vergleichen. Entscheidend ist der Bezug zum Primat des Petrus, der Maß und Orientierung für jeden Papst sein muss. Denn streng genommen ist jeder Papst der Nachfolger Petri und nicht nur chronologisch der seines Vorgängers.

Ein wichtiger Charakterzug des Pontifikates von Benedikt XVI. war seine außergewöhnliche theologische Begabung. Gemeint ist nicht einfach eine Prägung durch die professorale Tätigkeit, sondern die hohe Originalität seiner Theologie in den wichtigsten Themen der Glaubenslehre. Auch für die Päpste gilt im Besonderen, was für jeden Christen im Allgemeinen gilt: Die unterschiedlichen Charismen sind vom Geist Gottes gegeben, damit sie anderen nützen und so der Leib Christi in der Erkenntnis und Liebe Gottes aufgebaut wird. So wächst der ganze Leib im Zusammenwirken seiner Glieder Christus entgegen, um zum vollkommenen Menschen zu werden. Wer die Gabe des Lehrens empfangen hat, der lehre! – „in Übereinstimmung mit dem Glauben" (Röm 12,7).

Diese Analogie des Glaubens, die Einsicht in den inneren Zusammenhang der geoffenbarten Wahrheit mit dem Ziel des Heils für jeden Menschen, beruht auf der Analogie des Seins, das heißt auf der Wahrheitsfähigkeit auch der geschaffenen Vernunft, die im real Seienden der Welt das *esse, verum et bonum* erkennt, die wiederum selbst Spiegel und Gleichnis der Vernunft und Liebe Gottes sind. Aufgrund der *analogia entis* ist Theologie als Wissenschaft des geoffenbarten Glaubens möglich gemäß der *anlogia fidei*.

Theologische Erkenntnis dient nicht der intellektuellen Neugier, die sich im geschlossenen Kreis weniger Spezialisten selber bespiegelt und sich an der eigenen Intelligenz ergötzt. Ohne den beständigen Austausch mit der Theologie, wie sie von den Kirchenvätern, den großen Theologen des Mittelalters und der Neuzeit in den verschiedenen Schulen entwickelt worden ist, könnte das Lehramt seiner Verantwortung nicht gerecht werden. Denn das Lehramt der Kirche bezeugt den geoffenbarten Glauben der Kirche im Bekenntnis, dem *auditus fidei*, während die geistige Darstellung rational und begrifflich sich vollzieht, so dass die innere Vernünftigkeit des gesamten *depositum fidei* in der theologischen Reflexion aufleuchtet und in der Verkündigung und Seelsorge fruchtbar wird.

Gewiss steht das Lehramt in seiner Autorität als authentisches Zeugnis des Geoffenbarten kraft des Beistands des verheißenen Heiligen Geistes über der akademischen Theologie, gleichzeitig aber bedient es sich ihrer aus einer inneren Notwendigkeit heraus. Papst und Bischöfe können nur das und all das richtig und vollständig lehren und zu glauben vorlegen, was in der geschichtlichen Offenbarung Gottes enthalten ist. Aber es gilt für ihre Sprach- und Denkgestalt: „Um ihre rechte Erhellung und angemessene Darstellung mühen sich eifrig mit geeigneten Mitteln der Bischof von Rom und die Bischöfe, entsprechend ihrer Pflicht und dem Gewicht der Sache. Eine neue öffentliche Offenbarung als Teil der göttlichen Glaubenshinterlage (a.d.Vf.: depositum fidei) empfangen sie jedoch nicht“ (LG 25). Denn der Papst und die Bischöfe sind im Unterschied zu Petrus und den übrigen Aposteln nicht persönliche Offenbarungsträger. Sie empfangen auch keine Inspiration wie die Verfasser der Heiligen Schrift, sie sind vielmehr an das Zeugnis des Wortes Gottes in Schrift und Überlieferung gebunden. Sie erfreuen sich aber bei der treuen Glaubensweitergabe in ihrem Lehramt des Beistands des Heiligen Geistes (*assistentia Spiritus Sancti*).

Schon Petrus selbst hat in seinem ersten Brief, einer „Enzyklika", die Christen und besonders die Priester und Bischöfe dazu aufgefordert, jedem Rede und Antwort zu stehen, der nach dem „Logos der Hoffnung" (1 Petr 3,15) fragt, die in uns ist durch den Glauben an Christus, den Herrn, den „Hirten und Bischof eurer Seelen" (1 Petr 2,25).

Es war ein großes Thema des Theologen Joseph Ratzinger, aber auch des Präfekten der Kongregation für die Glaubenslehre und des Papstes in der jeweils unterschiedlichen Verantwortung, den inneren Zusammenhang von Glaube als Hören und Verstehen, von *auditus fidei* und *intellectus fidei*, aufzuweisen. Dabei wird der Glaube nicht wie in dem auf die Machbarkeit reduzierten Vernunftbegriff des Rationalismus an einem äußeren Maßstab gemessen und einem ihm fremden Kriterium unterworfen. Theologie, Philosophie, Geschichts- und Sozialwissenschaften kann man nicht *more geometrico* betreiben. Der Glaube als Erleuchtet-Werden vom Licht Christi (*lumen fidei*) ist vielmehr in sich selber vernünftig, dem Logos Gottes gemäß – ein *rationabile obsequium* (vgl. Röm 12,1). Der wissenschaftlichen Theologie kommt die Aufgabe zu, zwischen der Erkenntnis Gottes im Glauben und der Erkenntnis der Welt durch die natürliche Vernunft (*lumen naturale*), wie sie in den Natur- und Humanwissenschaften dargestellt wird, zu vermitteln, so dass im Bewusstsein der Gläubigen die Wahrheiten des Glaubens und das natürliche Wissen nicht auseinander fallen, sondern eine jeweils neue Synthese bilden.

Freilich kann man das Gesamtwirken eines Pontifikates und seine Fruchtbarkeit für die Kirche, die zu beurteilen ohnehin Gott allein vorbehalten bleibt, nicht auf einen einzelnen Vorzug reduzieren. Aber die theologische Entfaltung der inneren Einheit und Durchdringung von Glaube und Vernunft ist doch ein Aspekt, der dem Pontifikat von Benedikt XVI. einen besonderen Charakter verleiht. Glaube und Vernunft begrenzen sich nicht wechselseitig und schließen sich nicht aus, sondern dienen der Vollendung des Menschen in Gott und seinem Wort, das unser Fleisch angenommen hat, und in seinem Geist, der das tiefste Sein und Leben Gottes offenbart: Gott ist die Liebe, wie die große Enzyklika *Deus caritas est* darlegt.

So kann man feststellen: Benedikt XVI. war einer der großen Theologen auf dem Stuhl Petri. In der langen Reihe seiner Vorgänger legt sich der Vergleich mit der herausragenden Gelehrtengestalt des 18. Jahrhunderts,

Papst Benedikt XIV. (1740–1758), nahe. Ebenso wird man an Papst Leo den Großen (440–461) denken, der für das christologische Bekenntnis des Konzils von Chalkedon (451) die entscheidende Einsicht formulierte. Benedikt XVI. hat in den langen Jahren seines akademischen Wirkens als Professor für Fundamentaltheologie und Dogmatik ein eigenständiges theologisches Werk erarbeitet, das ihn in die Reihe der bedeutendsten Theologen des 20. und 21. Jahrhunderts hineinstellt. Seit mehr als 50 Jahren steht der Name Joseph Ratzinger für einen originalen Gesamtentwurf der systematischen Theologie. Seine Schriften verbinden die wissenschaftlichen Erkenntnisse der Theologie mit der lebendigen Gestalt des Glaubens. Als eine Wissenschaft, die ihren genuinen Platz innerhalb der Kirche hat, kann uns die Theologie die besondere Bestimmung des Menschen als Geschöpf und Bild Gottes aufzeigen.

Benedikt XVI. hat in seinem wissenschaftlichen Arbeiten stets auf eine bewundernswerte Kenntnis der Theologie- und Dogmengeschichte zurückgreifen können, die er so vermittelt hat, dass Gottes Vision vom Menschen, von der alles getragen wird, zum Leuchten kommt. Zugänglich wird dies für viele durch den Umgang Joseph Ratzingers mit Wort und Sprache. Komplexe Sachverhalte werden nicht durch eine komplizierte Darstellung der allgemeinen Verständlichkeit entzogen, sondern auf ihre innere Einfachheit hin transparent gemacht. Es geht immer darum, dass Gott zu jedem Menschen sprechen will und sein Wort zum Licht wird, das jeden Menschen erleuchtet (vgl. Joh 1,9).

Glaube und Vernunft

Um von den wegweisenden theologischen Reden des Papstes nur eine zu erwähnen, möchte ich die *Regensburger Vorlesung* aus dem Jahr 2006 nennen. Hier hat Benedikt XVI. noch einmal den inneren Zusammenhang von Glaube und Vernunft hervorgehoben. Weder die Vernunft noch der Glaube können unabhängig voneinander gedacht werden und zu ihrer eigentlichen Bestimmung gelangen. Vernunft und Glaube werden durch die wechselseitige Korrektur und Reinigung vor gefährlichen Pathologien bewahrt. Benedikt XVI. knüpft dabei an die große Tradition der theologischen Wissenschaften an, die sich im Gesamtgefüge der Universität als das alles verbindende Element erweisen kann.

Die Enzyklika *Fides et ratio* von Johannes Paul II. klingt an, wenn von dramatischen Entwicklungen im europäischen Geistesleben die Rede ist. Im Nominalismus hatte sich ein voluntaristisches Gottesbild entwickelt. Um Gott jedem Zugriff unserer metaphysischen Vernunft zu entziehen, wurde Gott als reiner Wille gedacht, den der Mensch ohne Möglichkeit, ihn vernünftig nachzuvollziehen, in blindem Gehorsam anzunehmen habe. Demgegenüber musste der Mensch seine

Autonomie erklären, um seine Freiheit zu sichern. Der neuzeitliche Atheismus als Humanismus ohne oder gegen Gott hat eine seiner Wurzeln in einer theologischen Fehlentwicklung. Wenn aber Gott selbst Vernunft und Wille, Wort und Liebe ist, dann geraten Gotteserkenntnis und Weltverständnis, Natur und Gnade, Vernunft und Freiheit nicht in Gegensatz, sondern erweisen sich als Ausdruck der personalen Gemeinschaft von Gott und Mensch in Jesus Christus, dem Gott-Menschen. Gott ist nicht Konkurrent des Menschen, sondern die Erfüllung aller Suche nach der Wahrheit und der Vollendung des Menschen in der Freiheit als Liebe und Hingabe.

Die Gestalt des Jesus von Nazareth

Die glückliche Verbindung des Papstes als universaler Lehrer des Glaubens und des theologischen Denkers Joseph Ratzinger kommt wohl am Überzeugendsten zum Vorschein in seinem dreibändigen Werk: Jesus von Nazareth.

Als Nachfolger Petri bekennt der Papst die über die natürliche Vernunft hinausgehende Offenbarungswahrheit, dass Jesus von Nazareth der Messias, der Sohn des lebendigen Gottes ist. Dem Theologen Ratzinger stehen aufgrund seiner lebenslangen Beschäftigung mit der Jesusfrage in der historischen Kritik die geistigen Mittel zur Verfügung, die Konsistenz und die innere Wahrheit der Identität des Jesus der Geschichte mit dem im Glauben erkannten Fleisch gewordenen göttlichen Wort einleuchtend zu machen, d. h. intellektuell zu vermitteln.

Im Jesus-Buch kulminiert das Lebenswerk Joseph Ratzingers. Er hat mit seinen drei Jesus-Bänden eine nachhaltige Diskussion über Jesus von Nazareth angeregt, den die Christen als den universalen Heilsbringer und einzigen Mittler zwischen Gott und den Menschen bekennen. In diesem individuellen Menschen, Jesus von Nazareth, hat Gott die geschichtliche Koinzidenz von göttlicher Offenbarung und menschlicher Selbstüberantwortung an den Vater endgültig und irreversibel zu einem konkreten Ereignis werden lassen. Mit der Kirche bekennen wir daher, dass Jesus der Christus ist, in dem die geschichtliche Heilsgegenwart Gottes für den Menschen erfahrbar wird. Er ist der, der den Willen des Vaters realisiert und alle Menschen auf den Weg zur Erkenntnis der Wahrheit führen möchte (vgl. 1 Tim 2,4f.).

In den Schriften des Neuen Testaments finden wir die sich im lebendigen Glauben der Jünger vollziehende Bildung des Bekenntnisses der apostolischen Kirche, das in der Begegnung mit Jesus von Nazareth als einer historischen Person mit den Worten seiner Verkündigung des Reiches Gottes und in der Erfahrung seines Todes und seiner Auferstehung von den Toten entstanden ist. Im Geschehen des Ostermorgens und im Licht der Selbstoffenbarung Gottes in seinem Sohn trifft der Glaubende auf eine Person, die sein Schöpfer und sein Vollender ist:

Jesus Christus ist der Herr, den wir im Glauben bekennen, Herr und Haupt seiner Kirche.

Das Johannesevangelium nennt in seinem Epilog die Begründung für sein Entstehen und für das ganze kirchliche Glaubenszeugnis in Schrift und Tradition, um so allen Versuchen entgegenzutreten, das Evangelium als reine historische Biographie zu lesen. Nicht die bloße Information über einen Menschen ist die Absicht, sondern es ist geschrieben, „damit ihr glaubt, dass Jesus der Messias ist, der Sohn Gottes, und damit ihr durch den Glauben das Leben habt in seinem Namen“ (Joh 20,30f.).

Der Blick auf die sechs Jahrzehnte intensiver geistiger und wissenschaftlicher Durchdringung der Themenbereiche der Christologie im theologischen Werk Joseph Ratzingers legt die Kontinuität seines Denkens frei. Das lange Ringen mit der Gestalt Jesu, das er selbst im ersten Band der Jesus-Trilogie formuliert (vgl. S. 10), lässt sich an seinen Schriften nachzeichnen. Von Anfang an stellt er sich die Frage: „Wer ist Jesus von Nazareth“ – für die Menschen, für die Welt?

Einer Haltung der Skepsis, die Gott nicht zutraut, dass er sich endgültig offenbaren kann, tritt er entschieden und mit dem Gespür für die jeweiligen ideologischen Verengungen, die den Menschen für sich vereinnahmen möchten, entgegen.

Mit der Klarheit, die sich aus dem Bekenntnis der Kirche ableiten lässt, entwickelt er aus dem historischen Befund und den Berichten der Evangelien einen einladenden und zum Weiterdenken anregenden Gesamtblick auf Jesus von Nazareth. Auf der Grundlage der historisch sich verdichtenden Formulierungen der christologischen Dogmen, wie sie in den großen ökumenischen Konzilien von Nizäa und Chalkedon formuliert worden sind, entwickelt Joseph Ratzinger seine Zugänge zur Christologie und zur gesamten katholischen Theologie, die nun – in den *Gesammelten Schriften* mit 16 Bänden – in einer Zusammenschau vorgelegt werden.

Schließlich findet der Mensch im Blick auf den gekreuzigten und auferstandenen Herrn Jesus seine endgültige Erfüllung in dem, „den Gott für uns zur Weisheit gemacht hat, zur Gerechtigkeit, Heiligung und Erlösung" (1 Kor 1,30) und in dem „alle Schätze der Weisheit und Erkenntnis verborgen" sind (Kol 2,3). Bis zur Wiederkunft Christi vereint Petrus die vielen Jünger im Bekenntnis des einen Glaubens: Du bist Christus, der Sohn des lebendigen Gottes. Dies ist die Mission des Papsttums für die Kirche und für die Welt.

Im Decretum Gelasianum, das in einigen Teilen auf eine Dokumentensammlung von Papst Damasus I. (366–384) zurückgeht, wird der Primat der römischen Kirche, (d. h. des Papstes mit Klerus und Volk) nicht politisch mit dem Rang der Haupt- und Residenzstädte des römischen Reiches, sondern streng ekklesiologisch begründet und von der Autorität des Herrn der Kirche christologisch abgeleitet: „Nach all den erwähnten prophetischen, evangelischen und apostolischen Schriften, auf die die katholische Kirche durch die Gnade Gottes gegründet ist, meinten auch wir jenes betonen zu sollen, dass zwar der gesamten über den Erdkreis hin verbreiteten katholischen Kirche das eine Brautgemach Christi zusteht, die heilige Römische Kirche aber nicht aufgrund irgendwelcher Konzilsbeschlüsse den übrigen Kirchen vorangestellt ist, sondern aufgrund des Wortes des Herrn und Erlösers im Evangelium den Primat erlangt hat; denn Er sagte: Du bist Petrus, und auf diese Felsen werde ich meine Kirche bauen …). (DH 350).

Die Überzeugung, dass Jesus Christus, das Haupt der Kirche in Petrus zu jedem seiner Nachfolger „tagtäglich" (Sermo III,3) die Worte spricht: „Du bist Petrus und auf diesen Felsen werde ich meine Kirche bauen …" und dass in jedem Papst, auch wenn er persönlich unwürdig sein sollte, Petrus für die ganze Kirche bekennt: „Du bist der

Messias, der Sohn des lebendigen Gottes“, bringt Papst Leo der Große, in einer „Festpredigt zum Jahrestag seiner Erhebung auf den Stuhl Petri’“ prägnant zum Ausdruck“: „Wie für immer gilt, was Petrus von Christus geglaubt hat, so besteht auch immerdar, was Christus in Petrus eingesetzt hat (Sermo III,2). Und darum feiere man dieses Fest in richtiger Einstellung, „wenn man in meiner niedrigen Person den (‚nämlich Petrus, d.Vf.) sieht und ehrt, der in sich auf ewig die Sorgen aller Hirten mit der Obhut über die ihm anvertrauten Schafe vereint und auch bei einem unwürdigen Nachfolger nichts von seiner Würde einbüßt.“ (Sermo III,4).

Wahrheit und Freiheit.
Was bedeutet Laizität für Christen?

Paris, Académie Catholique de France,
26. März 2015

Als Kind und Jugendlicher der Nachkriegszeit war mir das Glück und die Gnade vergönnt, in der jungen Demokratie der Bundesrepublik Deutschland aufzuwachsen. Was die Großeltern vom Ersten Weltkrieg und die Väter von der Diktatur des Nationalsozialismus und den Schrecken des Zweiten Weltkrieges erzählten, war unserer Vorstellung und Phantasie zwar allgegenwärtig. Geprägt und positiv auf die Zukunft eingestimmt wurden wir aber durch andere Ereignisse und Bilder. Ich denke an die Begegnung von Konrad Adenauer und Charles de Gaulle in der Kathedrale von Reims, als sich die Vertreter der beiden Staaten dort die Hände reichten – ein Symbol der Versöhnung, das zutiefst als Ausdruck einer christlichen Gesinnung zu verstehen ist. Nicht mehr Erbfeindschaft und Rivalität, sondern Freundschaft und Vertrauen sind die Schlüssel für ein gemeinsames Haus Europa und für die weltweite Völkerfamilie. Ich erinnere mich gerne an den deutsch-französischen Jugendaustausch, an dem ich mit unserer ganzen Klasse im Elsass teilgenommen habe.

Wir haben erfahren und gelernt: Andere Sprachen und Kulturen entfremden uns nicht, sondern sie bereichern uns und können das Glücksgefühl einer geistigen Horizonterweiterung auslösen. Die französische Geschichte, Literatur, Philosophie und Theologie sind aus dem geistigen Kosmos des katholischen Lebens nicht wegzudenken. Henri Blondel, Étienne Gilson, Henri de Lubac, Yves Congar, Louis Bouyer, Jean Daniélou sind mir Freunde und Begleiter meines Weges als europäischer Bürger und katholischer Christ geworden.

Der christliche Glaube entfremdet uns nicht vom Leben und der modernen Kultur. In der Begegnung mit Jesus Christus, der das Reich Gottes verkündet und es durch sein Kreuz und seine Auferstehung verwirklicht hat, offenbart sich Gott als Ursprung und Ziel eines jeden Menschen. Das Geheimnis des Menschen klärt sich nur im Geheimnis des fleischgewordenen Wortes wahrhaft auf (vgl. GS 22). Der Glaube an den transzendenten Gott („Ehre sei Gott in der Höhe") und die Verantwortung für die immanente Welt („Friede auf Erden") gehören in Christus, dem Gott-Menschen, innerlich zusammen. Die Hoffnung auf Gerechtigkeit für die Opfer von Unrecht und Gewalt im ewigen Leben verpflichtet die Christen zum Dienst an den Armen und zum Einsatz für Frieden und Gerechtigkeit im Diesseits. Liebe zu Gott aus ganzem Herzen und Liebe zum Nächsten wie zu sich selbst sind die Mitte christlicher Existenz (vgl. Mk 12,29–31). Der Gott der Wahrheit garantiert und fördert die Freiheit des Menschen, die sich in der Liebe vollendet. „Wenn ihr in meinem Wort bleibt, seid ihr wirklich meine Jünger. Dann werdet ihr die Wahrheit erkennen, und die Wahrheit wird euch frei machen“ (Joh 8,31f.).

Lehren aus der Geschichte

Die politischen Ideologien des Nationalsozialismus und des Kommunismus, der erst 1989 in Osteuropa zu Fall kam, haben uns erkennen lassen, dass der Gegensatz zur Wahrheit nicht die demütige Suche nach ihr ist, sondern die Lüge, die das notwendige Vertrauen als Grundlage jeder Gemeinschaft zerstört. Und die Freiheit ist weit mehr als Abwesenheit von Nötigung und Zwang oder auch die Gelegenheit, nur meinen Impulsen und Interessen zu folgen. Wahre Freiheit ist Freiheit zum Guten und Befreiung zur unbedingten Verpflichtung zum Guten. In jeder Wahrheit, die erkannt wird, wird implizit Gott erkannt, und in jedem Guten, das getan wird, zielt der Mensch die Güte Gottes an. Freiheit setzt die innere und äußere Möglichkeit voraus, gemäß dem eigenen Gewissen zu leben, das Gute um seiner selbst willen zu tun und unsittlichen und verbrecherischen Befehlen nicht zu gehorchen.

Zwei Lehren müssen wir aus den Katastrophen des 20. Jahrhunderts ziehen, in die uns die Relativierung der

Wahrheit und Sittlichkeit und die Verabsolutierung von Staat, Volk und Rasse gebracht haben: 1. Die unveräußerliche Würde, die wesentliche Gleichheit und die Rechte und Pflichten aller Menschen sind immer zu achten. 2. Im Sinne der sozialen Gerechtigkeit muss allen Menschen die Teilhabe an den Gütern der Erde und der Kultur ermöglicht werden (vgl. GS 39). Daraus folgt, dass die ethischen Prinzipien *universal* gelten müssen und nie den Interessen einer Nation, einer Klasse, einer religiösen und weltanschaulichen Gruppe untergeordnet werden dürfen.

Aufgrund unserer Erfahrung zuerst mit dem obrigkeitsstaatlichen Denken in Preußen und dann mit zwei menschenfeindlichen und gottlosen Diktaturen sind wir in Deutschland skeptisch gegenüber jeder Form von Omnipotenz des Staates. Der Staat ist relativ notwendig für das Gemeinwohl. Er darf jedoch in seiner legislativen, exekutiven und judikativen Gewalt nie Absolutheit in Bezug auf das geistige und sittliche Leben der Bürger beanspruchen. Der Staat steht nicht über dem Gewissen seiner Bürger und nicht über dem natürlichen Sittengesetz. Er ist nicht Herr seiner Bürger und nicht Eigentümer des Landes. Der Staat ist für die Menschen und die Gesellschaft da. Er hat die zeitlichen Belange seiner Bürger zu regeln und die Einhaltung der grundlegenden Menschenrechte zu garantieren. Umgekehrt darf eine gesellschaftliche Gruppe sich nicht des Staates bemächtigen, um durch die Möglichkeiten der schulischen Erziehung, der universitären Bildung oder der medialen Information eine dominante Ideologie zu begünstigen. Staatlich gelenktes *Mainstreaming* verrät nicht nur altes obrigkeitsstaatliches Denken, sondern widerspricht auch dem Menschenrecht auf sachgemäße Information und eigene Meinungsbildung. Es darf für Menschen keine Diskriminierung und Einschränkung der bürgerlichen Freiheiten geben, nur weil sie sich einer augenblicklich dominanten Ideologie widersetzen.

Der moderne demokratische Staat, der aufgrund der Religions- und Gewissensfreiheit einer pluralistischen Gesellschaft gegenübersteht, erkennt nicht nur den individuellen Bürger als Partner an, sondern muss auch ein partnerschaftliches Verhältnis zu den religiösen und zivilen Gemeinschaften in der Bürgergesellschaft entwickeln. Da der Mensch ein Gemeinschaftswesen ist, kann auch die Religionsfreiheit nie nur individuell ausgelegt werden, sondern hat notwendigerweise eine soziale Komponente. Zu den unveräußerlichen Menschenrechten gehört darum auch die Freiheit der Menschen, sich zu einer religiösen Gemeinschaft zusammenzufügen mit einem gemeinsamen Bekenntnis ihrer geistigen und moralischen Grundprinzipien, mit einem gemeinsamen öffentlichen Kult und einer selbstverantworteten Verfassung der Gemeinschaft. Auch darf diesen die gleichberechtigte Partizipation am öffentlichen Leben nicht verwehrt werden, und der Staat muss ihren Einsatz für das Gemeinwohl anerkennen. Der Staat kann weder das Christentum noch den Islam noch irgendeine andere religiöse Gemeinschaft, aber auch nicht den Agnostizismus oder den Atheismus zum Bekenntnis des Staates machen und den Andersdenkenden lediglich den Status einer tolerierten Minderheit zuweisen. Es geht um echte Gleichbehandlung. Wenn er die einen bevorzugt, benachteiligt er unausweichlich die anderen. Das Bekenntnis der Liberalen und Sozialisten des 19. Jahrhunderts mit ihrer an den Interessen der eigenen Klasse ausgerichteten Ethik und Staatslehre wie auch der politischen Absolutismen des 20. Jahrhunderts hat sich in dem Axiom verdichtet: Religion ist Privatsache. Das widerspricht aber fundamental den individualen und sozialen Menschenrechten. Mit welchem Recht sagt ein Bürger: „Meine Sicht der Welt ist der deinen wissenschaftlich überlegen, ich halte dich für weniger aufgeklärt als mich selbst, und darum bestimmen meine hermeneutischen und ethischen Prinzipien das öffentliche Leben in der Politik, der Wissenschaft, der Erziehung und Kultur?" Welche Gruppe hat das Recht zu dekretieren: „Der Ort *unserer* Meinungen ist das Forum und der Ort *deiner* geistigen und sittlichen Überzeugungen ist deine Privatwohnung. Hinter den Mauern eurer Kirchen dürft ihr sagen, was euch gefällt, aber die Straße vor der Kirche gehört uns?"

Es gibt seit dem 18. Jahrhundert eine eigenartige Begrenzung der Wahrheitserkenntnis bei gleichzeitiger Verabsolutierung des Agnostizismus. Kann man aber philosophisch beweisen, dass die menschliche Vernunft prinzipiell *incapax infiniti* sei? Wie will man *a priori* ausschließen, dass eine endlich geschaffene Vernunft von Gott zur Teilhabe an seiner Vernunft durch die Vermittlung seines Wortes, das Fleisch geworden ist, erhoben werden kann? Es ist das Wesen der Vernunft, auf die Wahrheit hingeordnet zu sein, und es gehört zur Dynamik der Freiheit, sich mit dem Guten in Liebe zu vereinen. Niemand kann der Kirche die Freiheit ihres öffentlichen Zeugnisses und Bekenntnisses nehmen: „Die Gnade und die Wahrheit kamen durch Jesus Christus. Niemand hat Gott je gesehen. Der Einzige, der am Herzen des Vaters ruht, er hat Kunde gebracht" (Joh 1,17f.).

Lessing hat mit der Ringparabel nicht bewiesen, dass es keine sichere Erkenntnis der Offenbarung geben könne und dass die Religionen darum nur von sittlichem und humanitärem, also funktionalem Gebrauch sein könnten. Er hat seine agnostische Position lediglich illustriert, aber nicht allgemeingültig bewiesen. Kant hat keineswegs die Möglichkeit der Metaphysik ein für alle Mal widerlegt, sondern nur die Unüberbrückbarkeit von Rationalismus und Empirismus auf den Begriff gebracht. Feuerbach, der den Glauben an Gott für eine Projektion hielt, die den Menschen von seinem Wesen entfremde, hat übersehen, dass die Ereignisse der geschichtlichen Offenbarung nicht idealistisch aus dem individuellen und kollektiven Bewusstsein der Gläubigen abgeleitet werden und dass damit seine ganze Argumentation eine *petitio principii* bleibt. AUGUSTE COMTES Dreistadiengesetz ist sein subjektives Schema, das er der Geistesgeschichte einbrennen will, ohne die Spontanität der philosophischen Erkenntnis zu berücksichtigen, die sich qualitativ von der Erkenntnis empirischer Gegenstände unterscheidet. Und ebenso wenig ist die Religion – frei nach MARX und LENIN – „Opium für das Volk". Die Religion als Verehrung Gottes, des Schöpfers und Vaters aller Menschen, ist vielmehr die tiefste Quelle für die Humanität und Achtung des Nächsten als Bruder und Schwester, in deren Leiden und Nöten mir Christus selbst begegnet. Die Achtung vor der Religions- und Gewissensfreiheit verbietet es, gleichberechtigte Bürger, die einer bestimmten Religionsgemeinschaft oder der Kirche Christi angehören, gesetzlich auszugrenzen oder zu verfolgen. Der Staat ist nicht religiös oder atheistisch, sondern er muss weltanschaulich neutral sein. Der moderne Staat lenkt die bürgerliche Gesellschaft nicht obrigkeitsstaatlich, sondern sichert den Freiraum des Engagements seiner Bürger und freien Vereinigungen. Deshalb muss er nicht nur die formale Gleichbehandlung der Religionsgemeinschaften und Weltanschauungsvereine gewährleisten, sondern auch das konstruktive Engagement seiner Bürger für die Gesellschaft in allen Bereichen fördern.

Mit einer laizistischen Weltanschauung des Staates, die sich selbst zur obersten Norm des öffentlichen Diskurses erklärt und sich damit der pluralistischen und freien Gesellschaft gegenüber verabsolutiert, hat jemand, der nicht aus der romanischen Kultur in Belgien, Frankreich oder Italien kommt, zunächst Schwierigkeiten. In Deutschland kann man diesen Begriff und die Konzeption des Staates, die dahintersteht, nicht wörtlich übersetzen. „Trennung von Kirche und Staat" hat dort keinen feindseligen Unterton, sondern bedeutet vielmehr wechselseitigen Respekt vor den unterschiedlichen Zuständigkeiten und daraus folgend Kooperation etwa in der Erziehung und im sozial-karitativen Bereich. Gemeinsames Ziel ist das Gemeinwohl. Wenn eine Schule oder ein Krankenhaus in freier, eventuell auch kirchlicher Trägerschaft aus Steuergeldern mitfinanziert wird, sind es nicht die Politiker, die großzügig etwas gewähren, sondern es sind die Bürger, die mit ihren Steuern die Einrichtungen mittragen, die allen zugutekommen.

Wir stehen in Europa vor der Herausforderung, die verschiedenen Traditionen in der Verhältnisbestimmung von Staat und Kirche bzw. den nichtchristlichen Religionsgemeinschaften neu zu bedenken. Der ideologische Machtkampf um die Europäische Verfassung, bei dem die bloße Erwähnung der religiösen und christlichen Wurzeln der europäischen Kultur vom sogenannten Laizismus abgelehnt wurde, darf sich nicht wiederholen. Es ist immer ein Kennzeichen ideologischer Enge, wenn historische Tatsachen in Abrede gestellt werden. Wir müssen auf der Grundlage der gleichberechtigten Teilnahme aller Bürger in einer pluralistischen Gesellschaft ein konstruktives Verhältnis der Staaten zu den religiösen und weltanschaulichen Gemeinschaften finden. Die Laizität des Staates bedarf einer positiven Neudefinition, wenn die Gesellschaft sich nicht der intellektuellen, moralischen und karitativen Ressourcen berauben will, die aus der religiösen Anlage des Menschen und aus den historischen Religionen stammen. Denn die moralischen Prinzipien und das solidarische Verhalten der Bürger können nicht durch staatliche Gesetze erzwungen werden, wenn das Gewissen der Menschen nicht moralphilosophisch („der kategorische Imperativ") und religiös („Ich bin der Herr, dein Gott. Du sollst ...") so geformt ist, dass es das sittliche Grundgesetz anerkennt: Das Gute ist um seiner selbst willen zu tun, und das Böse ist bedingungslos zu meiden.

Der Begriff *„Laikos"* (1 Clem 40,5) ist im christlichen Kontext von Anfang an inhaltlich positiv besetzt. Er ist der Christ als Bürger des Gottesreiches, der Hausgenosse in der Familie des Herrn, als der an Christus Glaubende und mit Gottes Geist erfüllte Mensch, der sich der „Freiheit und Herrlichkeit der Kinder Gottes" (Röm 8,21) erfreut. Durch Glauben und Taufe sind die Christen in das Volk Gottes aufgenommen worden. Die Lehre vom gemeinsamen königlichen Priestertum betont die gleiche Würde aller Getauften wie auch ihre Pflicht, durch Wort und Tat Gottes allgemeinen Heilswillen gegenüber allen Menschen zu bezeugen und das Evangelium zu verkünden (vgl. 1 Petr 2,5.9). Die Kirche als Gemeinschaft des Heils in Christus, dem Hohenpriester des Neuen Bundes und Hoffnungsbringer für jeden Menschen, wird nicht dadurch in zwei Klassen aufgeteilt, dass einige aus der Jüngergemeinschaft von Christus selbst zu Hirten bestellt werden und das pilgernde Volk Gottes dem kommenden Christus entgegenführen. Die ganze Kirche ist als *eine* Heilsgemeinschaft in Christus das Sakrament des Heils für die Welt (vgl. LG 1).

In diese ekklesial bestimmte Sicht der Gläubigen (Priester, Ordensleute und Laien) als Bürger des *einen* Volkes Gottes und des Klerus als Träger einer heiligen Vollmacht für die ganze Kirche kam ein Ton der Gegensätzlichkeit hinein, als die theologische Terminologie von gesellschaftlichen und politischen Entwicklungen überlagert wurde. Denken wir an die Bildungsoffensive der *karolingischen Renaissance*. Hauptsächlich in den Klöstern wurde nach dem Zusammenbruch des römischen Reiches das Bildungsgut der griechisch-römischen Hochkultur und das große patristische Erbe bewahrt und an die nach der Völkerwanderung entstehenden Reiche weitergegeben. Bischöfe im staatlichen Dienst, Mönche und Priester in den Dom- und Klosterschulen und in den späteren Universitäten des Hochmittelalters waren Träger von Bildung und Wissenschaft, während „Laie" die Umschreibung für die Ungebildeten wurde. Daraus ergab sich langfristig ein Drang zur Emanzipation der Laien vom Bildungsmonopol des Klerus. Diese war vom 15. Jahrhundert an verbunden mit einem gewissen Antiklerikalismus. Die *protestantische Reformation* verstand sich als Wiederentdeckung der Würde des Laien („Wir sind alle gleichermaßen Priester") und konnte über den antiklerikalen und antirömischen Affekt ihre Anliegen einer breiten Bevölkerung plausibel machen. Die katholische Kirche der tridentinischen Reform bekräftigte dagegen die hierarchische Struktur der Kirche.

Ein politischer Antiklerikalismus formte sich gegen die päpstliche Universalmonarchie in zeitlichen Dingen zuerst im *Investiturstreit* in Deutschland. In Frankreich begann die Tendenz zu einer Überordnung des Staates über die Kirche symbolisch mit dem gegen Papst Bonifaz VIII. gerichteten Attentat von Anagni (7. September 1303) durch Guillaume de Nogaret, den Kanzler von König Philipp IV. Die politische Macht des Klerus sollte gebrochen und die Kirche der Staatsräson unterworfen werden. Die Kirche wurde zum Instrument des Absolutismus. Das Edikt von Fontainebleau (1685), mit dem König Ludwig XIV. das Toleranzedikt von Nantes widerrief, war nicht nur eine Gewalttat gegen die Religionsfreiheit der Reformierten, sondern auch ein Missbrauch des katholischen Glaubens als Mittel für die Ideologie einer absolutistischen Einheit Frankreichs

(„Religion des Staates“: *un roi, une loi, une foi*). Als Überwindung der religiösen Verfolgung von Minderheiten konnten die Erklärung der Menschen- und Bürgerrechte (1789) und die Verfassung von 1791 nur begrüßt werden, wenn sie auch später im Terror der Jakobiner konterkariert wurden. Der Antiklerikalismus der *französischen Revolution* richtete sich zwar gegen die religiös-christliche Verbrämung des staatlichen Absolutismus, behielt aber die Absolutheit des Staates bei und steigerte sie sogar, weil keine höchste moralische Instanz mehr anerkannt wurde, vor denen sich die Herrschenden in ihrem Gewissen verantworten mussten.

Der *liberale Antiklerikalismus* sah im 19. Jahrhundert seine Mission darin, den Staat und die Kultur zu instrumentalisieren, um die aufgeklärten Bürger, die „Nichtkleriker“ – eben die „Laien“ – von „Priesterherrschaft“ und „religiös verschuldeter Unwissenheit der Massen“ zu befreien. Säkularisierung des Kirchenvermögens, Aufhebung der Klöster, scharfe Kontrolle von Seelsorge und Verkündigung durch Staatsbeamte, Eide auf die Verfassung als Bedingung seelsorgerlicher Tätigkeit wurden von den politisch Verantwortlichen für die Kulturkämpfe in Italien und Deutschland und von den Verfechtern der laizistischen Trennungsgesetze in Frankreich (1905) und anderen Ländern als Wohltat für die Menschheit verstanden. In wie vielen ehemals christlich geprägten Staaten Europas hat nicht der Laizismus zu einer offenen Christenverfolgung geführt – bis hin zum

Vorhaben, das Christentum und vor allem die katholische Kirche auszulöschen.

Welch ein Wandel vom ursprünglich positiven Begriff des Laien als berufener Bürger im Reich Gottes hin zum Laizismus als ideologisch-politische Bewegung des Kampfes gegen die Kirche! Sowohl in der Kirche als auch im Verhältnis der Kirche zur nichtchristlichen Welt muss der schädliche Kampf zwischen Klerikalismus und Laizismus überwunden werden, der für so viele Übergriffe auf die Gewissensfreiheit und für die Verletzung der Menschenwürde verantwortlich war und ist. In Gesellschaft, Politik und Kultur bedarf es einer Entideologisierung und einer Befreiung von der Manie, die Menschen in die Kategorien von revolutionär/reaktionär, rechts/links, liberal/konservativ usw. einzuteilen. Ideologien zielen immer auf die Marginalisierung der vermeintlichen Gegenpartei. Glaube und Vernunft gründen jedoch auf der Anerkennung der Würde des anderen und seines Andersseins, und sie motivieren zur Solidarität und zum gemeinsamen auf das Gemeinwohl ausgerichtete Handeln. Bloße Toleranz als Bindemittel für die Menschen in einer pluralistischen Gesellschaft ist zu wenig. Weit darüber hinaus gehen das *Verstehen-Wollen des anderen* und das *Dasein für andere* (Dietrich Bonhoeffer), die *Kooperation aller* für den Frieden unter den Staaten und für die Freiheit jedes Menschen, für die politische und ökonomische Partizipation auch der Millionen von Armen an den materiellen und spirituellen Gütern, die der Menschheit insgesamt gehören.

Auf dem Weg zu einer positiven Definition der Laizität des Staates hat das Zweite Vatikanische Konzil epochale Bedeutung. Die großen Herausforderungen der Gegenwart und Zukunft, vor denen die ganze Menschheit steht, können nicht mit einer Fortsetzung der unheilvollen ideologischen Grabenkämpfe der Vergangenheit bewältigt werden.

Zunächst ist innerhalb der Kirche die dem Laien seit dem frühen Mittelalter anhaftende Konnotation der bloß passiven Kirchengliedschaft überwunden worden. Das Dekret über das Apostolat der Laien *Apostolicam actuositatem* nimmt den neuen Gesamtansatz der Ekklesiologie auf und konkretisiert ihn. Der große Kontext ist, wie die Kirchenkonstitution *Lumen gentium* ausführt, die Erfassung der Kirche im Mysterium des universalen Heilswillens Gottes und darin auch die Darstellung der Kirche als Volk Gottes, als Leib Christi und Tempel des Geistes, als Sakrament der innigsten Vereinigung der Menschen mit Gott und der Einheit der Menschen. Der besondere Dienst von Bischof, Priester und Diakon ist – im Unterschied zur Teilhabe aller an der Gesamtsendung der Kirche – nicht (protestantisch) funktional, sondern (katholisch) sakramental begründet. Es geht um die Erfüllung der *einen* Sendung mit unterschiedlichen Vollmachten und Gnadengaben.

Im Zusammenhang unseres Themas ist aber jetzt vor allem auf die maßgeblich von französischen Theologen vorbereitete Pastoralkonstitution *Gaudium et spes* einzugehen. Das Konzil wendet sich darin ausdrücklich an alle Menschen guten Willens, auch an die Atheisten, um ihnen einen aufrichtigen Dialog über die großen Themen von Frieden und Krieg, über die ungeheuren Möglichkeiten der Wissenschaft und Technik und über die Zukunft der Menschheitsfamilie anzubieten. Und niemand darf wegschauen, wenn die Zahl der hungernden, entrechteten und versklavten Menschen wächst, das Drama der Flüchtlinge ins europäische Haus vordringt und die Globalisierung der Chancen und Risiken zur größten Herausforderung für die Welt geworden ist. Die Kirche ist in der Welt von heute keine Lobby, die nur für die Interessen der eigenen Gruppe unterwegs ist. Alles, was in *Gaudium et spes* über die Würde der menschlichen Person, über die menschliche Gemeinschaft und über den letzten Sinn des menschlichen Schaffens ausgeführt wird, „bildet das Fundament für die Beziehung zwischen Kirche und Welt wie auch die Grundlage ihres gegenseitigen Dialogs" (GS 40). Die Kirche bietet also nicht nur den *Dialog*, sondern auch die *Mitarbeit* zur Errichtung jener brüderlichen Gemeinschaft an, die der hohen und göttlichen Berufung des Menschen entspricht. „Dabei bestimmt die Kirche kein irdischer Machtwille, sondern nur dies eine: unter der Führung des Geistes, des Trösters, das Werk Christi selbst weiterzuführen, der in die Welt kam, um der Wahrheit Zeugnis zu geben; zu retten, nicht zu richten; zu dienen, nicht sich bedienen zu lassen" (GS 3).

Das ist auch eine Leitidee im Pontifikat von Papst Franziskus: „Eine arme Kirche für die Armen“. Arm ist die Kirche in der Gesamtheit der gläubigen Laien und ihrer Hirten, die sich in der Nachfolge und Sendung ihres Herrn sieht. Kirchenvermögen ist nicht im Sinn von Idealisten und Schwärmern aufzugeben, sehr wohl aber mit großer Entschiedenheit als Mittel zum Zweck zu verwenden, nämlich zur Erfüllung der pastoralen und karitativen Aufgaben. „Die Armen“ sind alle Menschen in ihrer existentiellen Not und materiellen Bedürftigkeit, denen Christus das Evangelium verkündet (vgl. Lk 4,18). Das ganze Drama der Menschheitsgeschichte, die *condition humaine*, die Hoffnungen und Enttäuschungen, das Glück und das Leid, die Liebe und der Tod, der Mensch in seiner Kreatürlichkeit und in seiner göttlicher Berufung zur Ewigkeit, das ganze Geheimnis des Menschen findet in Christus seine Lösung und Erlösung: „Im Lichte Christi also, des Bildes des unsichtbaren Gottes, des Erstgeborenen vor aller Schöpfung, will das Konzil alle Menschen ansprechen, um das Geheimnis des Menschen zu erhellen und mitzuwirken dabei, dass für die dringlichsten Fragen unserer Zeit eine Lösung gefunden wird“ (GS 10).

Die rechte Autonomie des Menschen, der Gesellschaft und der Wissenschaften wird durch die Erkenntnis über den Menschen aus der Offenbarung Gottes nicht beeinträchtigt, sondern vielmehr ins rechte Licht gerückt: Die Eigenwirklichkeit und Eigentätigkeit der geschaffenen Realitäten ergibt sich ja aus der Vernunft, die der

Schöpfer selbst in sie hineingelegt hat (vgl. GS 36). Diese Feststellung der rechten Autonomie des menschlichen Forschens und Handelns in den Wissenschaften, in der Kultur, in der Wirtschaft, in der Rechtsordnung, im medizinischen Fortschritt und im Dienst der Politik für das Gemeinwohl der Bürger und der Staaten müsste auch den Argwohn bestimmter politischer Parteien besänftigen, die Kirche würde ihre Autorität in die Waagschale des politischen Machtkampfes werfen. Die Kirche wahrt grundsätzlich Äquidistanz zu den politischen Parteien, die auf dem Boden der Menschenrechte und der Demokratie stehen. Dennoch kann sie nicht umhin, immer einzutreten für die personale Würde eines jeden Menschen von der Empfängnis bis zum natürlichen Tod. In der Nachfolge Christi ist ihre vorzügliche Option für die Armen aber nicht Teilnahme an einem Kampf um die Macht einer Klasse oder Ideologie, sondern am Kampf für die unverhandelbare Würde und wesentliche Gleichheit aller Menschen, unabhängig von ihrer Religion und sozialen Stellung. Der Mensch darf niemals Mittel zum Zweck werden – das ist die notwendige „Einmischung“ der Kirche in die Politik.

Die Kirche erinnert daran, dass es in einer pluralistischen Gesellschaft unterschiedliche Kompetenzen in Bezug auf die irdischen Wirklichkeiten gibt. Aber alle Auseinandersetzungen müssen auf dem Boden des allgemein verbindlichen natürlichen Sittengesetzes bleiben, das der menschlichen Vernunft zugänglich ist und nicht ignoriert werden darf. Anstelle des natürlichen Sittengesetzes würde nämlich nur das sozialdarwinistische Prinzip des Rechtes des Stärkeren im Kampf aller gegen alle treten. Hier sehen wir deutlich den prophetischen Dienst, den die Kirche der pluralistischen Gesellschaft und der ganzen Menschheitsfamilie nicht schuldig bleiben kann. Hier wird aber auch das ethische Kriterium des öffentlichen Handelns für jeden Christen deutlich, der sich im Staat, in der Wirtschaft, in der Rechtsprechung, in Kultur und Sport für das Gemeinwohl einsetzt. Dazu hat die Kongregation für die Glaubenslehre 2002 eine eigene lehrmäßige *Note zu einigen Fragen über den Einsatz und das Verhalten der Katholiken im öffentlichen Leben* verfasst: Alle Christen sind demnach als Bürger ihres Landes aufgefordert, am gesellschaftlichen, kulturellen und politischen Leben teilzunehmen. Jeder Christ in einem Parlament, in einem Regierungsamt oder in der Verwaltung und Justiz hat das bürgerliche Recht und gleichzeitig die innere Verantwortung, im Gewissen vor Gott seine politische Arbeit am christlichen Menschenbild und an der christlichen Sozial- und Staatslehre auszurichten. Die Pflicht zur Loyalität und zum Gehorsam gegenüber den staatlichen Gesetzen und Institutionen kann nie absolut sein, insofern eine wirkliche Demokratie ja gerade der Gegenentwurf zum Absolutismus und Totalitarismus des Staates ist. In seinem Apostolischen Schreiben zur Ausrufung des heiligen Thomas Morus zum Patron der Regierenden und Politiker stellt Johannes Paul II. fest, dass dieser große Zeuge des Gewissens die Treue zur Autorität und zu den rechtmäßigen Institutionen nicht aufgegeben, aber doch mit seinem Leben und Sterben bezeugt hat, dass sich „der Mensch nicht von Gott und die Politik nicht von der Moral trennen kann" (*AAS* 93 [2001] 78f.).

Das ist die kritisch-konstruktive Laizität, die wir Christen dem Gemeinwesen schulden. Was wir – gemäß der Staatslehre des heiligen Thomas von Aquin und der Lehre vom Völkerrecht bei Franz von Vitoria – von einem naturrechtlich begründeten Staat erwarten, ist nur die theoretische und praktische Anerkennung der Menschenwürde und der Menschenrechte aller – und keineswegs die Orientierung an den Glaubenslehren, die sich aus der übernatürlichen Offenbarung ergeben und die ohnehin nur mit freier Zustimmung angenommen werden können.

Für die Verhältnisbestimmung der Kirche zum nichtkonfessionellen, weltanschaulich neutralen und auf dem Naturrecht gegründeten Staat ist die Erklärung des Zweiten Vatikanischen Konzils *Dignitatis humanae* von größter Tragweite. Die Kirche hält darin fest, dass „der Grundsatz der religiösen Freiheit der Würde des Menschen und der Offenbarung Gottes entspricht" (DH 12). Die Grundlage einer Gesellschaft kann nur die Würde des Menschen sein. Diese ist ihm vom Schöpfer verliehen. Sie liegt in seiner geistig-sittlichen Natur und macht das Geheimnis und die Einmaligkeit seiner Person aus. Diese Würde ist dem Menschen ureigen und kann ihm von keiner Macht der Welt aberkannt werden. Der Mensch ist sich selbst Ziel und Zweck und niemals Mittel zum Zweck. Sein Gewissen ist das Heiligtum, in dem ihm sein Schöpfer begegnet, vor dem allein er sich letztendlich verantworten muss, ein Heiligtum, das vor der Profanierung und damit der Funktionalisierung geschützt werden muss. Daraus ergeben sich die Rechte der Gemeinschaften auf Selbstbestimmung und auf den Schutz vor staatlicher Beeinflussung oder Behinderung.

Die Ausübung der religiösen Freiheit ist ihrerseits an das natürliche Sittengesetz gebunden und hat die rechtmäßige öffentliche Ordnung und die legitime Autorität zu respektieren (vgl. DH 7). Kein Mensch darf gezwungen werden, gegen das Gewissen, das sich am natürlichen Sittengesetz ausrichtet, zu handeln. Es wäre also eine Verletzung der Menschenrechte, wenn ein Arzt genötigt würde, die Tötung eines Kindes im Mutterleib vorzunehmen oder einem Selbstmord zu assistieren. Ebenso darf niemand mit Berufung auf bestimmte Traditionen seiner Religion unsittliche Handlungen begehen oder die legitime öffentliche Ordnung missachten.

Eine religiös begründete destruktive Gewalt, also die brutale Verletzung der grundlegenden Menschenrechte auf Unversehrtheit von Leib und Leben, ist ein Widerspruch in sich. Wie und ob im theoretischen Atheismus überhaupt eine mehr als bloß pragmatische Ethik entwickelt werden kann, sei dahingestellt. Wie eine sittliche Handlung verlangt werden kann, ohne den unbedingten

Verpflichtungscharakter des Guten anzuerkennen, also nur auf Basis von Konvention und Konsens, hat sich mir bisher nicht erschlossen. Im religiösen Akt dagegen erkennt der Mensch seine Endlichkeit und Hinordnung auf ein transzendentes *mysterium tremendum et fascinosum*. Wie immer er auch das Geheimnis des Absoluten erfasst, nie kann er sich legitimiert fühlen, anderen das zu nehmen, was er selbst empfangen hat.

Die Tatsache, dass destruktive Gewalt im Namen der Religion ausgeübt worden ist, heißt noch nicht, dass sie religiös begründbar oder gar legitimierbar wäre. Denn der religiöse Akt zielt auf die Verehrung Gottes und damit auch auf die Anerkennung des natürlichen Sittengesetzes, das den Menschen in seinem Gewissen zur Rechenschaft gegenüber dem Schöpfer aufruft. Der Dekalog gehört nach jüdischer und christlicher Überzeugung zur positiven geschichtlichen Offenbarung und ist all denen ins Herz und ins Gewissen geschrieben, die die Offenbarung des Sittengesetzes nicht kennen (vgl. Röm 2,14).

Die natürliche religiöse und sittliche Hinordnung auf Gott, den Schöpfer und Richter jedes Menschen, und der geoffenbarte Glaube an denselben Gott, der sich in Jesus Christus als die Liebe geoffenbart hat, verbieten kategorisch jede Rechtfertigung von Verletzungen der grundlegenden Menschenrechte, weil Gott ja gerade der Urheber und der Garant der Menschenwürde ist. Das Gute in der Schöpfung ist Erscheinung und Teilhabe an der ungeschaffenen Güte Gottes. Die Berufung auf den Willen

Gottes, um eine böse Tat zu rechtfertigen, ist geradezu eine Negation der Gott geschuldeten Verehrung und der Anerkennung seines Willens, der immer das Gute, die Wahrheit und das Leben für den Menschen will. Nicht weil Gott etwas befiehlt, ist es gut, sondern weil etwas gut ist, macht Gott es zum Ziel unseres ethischen Handelns. Darum kann sich niemand auf Gott berufen, um mit Drohung zur Anerkennung einer konkreten historischen Religion zu zwingen.

Im Christentum geht es um eine Selbstoffenbarung Gottes als Wahrheit und Leben für alle in seinem Sohn Jesus Christus. Darum ist der Gott-Mensch Jesus selbst in seiner Person das Kriterium der Auslegung der Heiligen Schrift und der apostolischen Tradition, in denen das Offenbarungsereignis bezeugt ist. „Gott hat die Welt so sehr geliebt, dass er seinen einzigen Sohn hingab, damit jeder, der an ihn glaubt, nicht zugrunde geht, sondern das ewige Leben hat" (Joh 3,16). Nur wo einer sein Leben für andere einsetzt, handelt er im Geist Christi. Wo Lüge und Mord herrschen, da ist nicht Gott, sondern der Teufel am Werk, der „Vater der Lüge und der Mörder von Anbeginn" (Joh 8,44). „Das ist die Botschaft, die ihr von Anfang an gehört habt. Wir sollen einander lieben und nicht wie Kain handeln, der von dem Bösen stammte und seinen Bruder erschlug" (1 Joh 3,11f.).

Niemand kann sich auf ein Wort in den heiligen Schriften seiner Religion berufen, um das Böse zu rechtfertigen, das er seinem Bruder antut. Entweder verehrt er statt Gott ein Idol, oder er hat eine Aussage falsch verstanden. Die Anerkennung des natürlichen Sittengesetzes, das sich im Gewissen jedes Menschen zu Wort meldet, ist die einzige tragfähige Grundlage für ein friedliches und solidarisches Zusammenleben in pluralistischen Gesellschaften und in der Völkerfamilie.

Die Stellung der katholischen Kirche in der pluralistischen Welt von heute wird vom Zweiten Vatikanischen Konzil klar dargelegt – und diese Beschreibung möchte ich an den Abschluss meiner Ausführungen stellen: „Mit großer Hochachtung blickt das Konzil auf alles Wahre, Gute und Gerechte, das sich die Menschheit in den verschiedenen Institutionen geschaffen hat und immer neu schafft. Es erklärt auch, dass die Kirche alle diese Einrichtungen unterstützen und fördern will, soweit es von ihr abhängt und sich mit ihrer Sendung vereinbaren lässt. Sie selbst hat keinen dringlicheren Wunsch, als sich selbst im Dienst aller frei entfalten zu können unter jeglicher Regierungsform, die die Grundrechte der Person und der Familie und die Erfordernisse des Gemeinwohls anerkennt“ (GS 42).

Die Armut als Weg der Evangelisierung. Überlegungen im Geist von Papst Franziskus

Valendar, Kardinal Walter Kasper, Institut
10. März 2015

Die „Option für die Armen" ist primär und prinzipiell christologisch begründet. Von Jesus Christus, dem Sohn Gottes, der von seinem Vater „in der Gestalt des Fleisches, das unter der Sünde steht, zur Sühne für die Sünde" gesandt wurde, „um an seinem Fleisch die Sünde zur verurteilen" (Röm 8,3), sagt der Apostel Paulus: „Ihr wisst, was Jesus Christus, unser Herr, in seiner Liebe getan hat: Er, der reich war, wurde euretwegen arm, um euch durch seine Armut reich zu machen" (2 Kor 8,9). Durch seine Armut und Selbsterniedrigung werden wir, die armen Bettler vor Gott, die dem Tod geweihten Sterblichen, seiner universalen Heilsbotschaft teilhaftig und mit der Herrlichkeit Gottes umkleidet. Angeregt von der Konzilskonstitution *Gaudium et spes* hat die lateinamerikanische Befreiungstheologie diese Einsicht auf die Kirche hin erweitert: „Ist doch ihre eigene Gemeinschaft aus Menschen gebildet, die, in Christus geeint, vom Heiligen Geist auf ihrer Pilgerschaft zum Reich des Vaters geleitet werden und eine Heilsbotschaft empfangen haben, die allen auszurichten ist. Darum erfährt diese Gemeinschaft sich mit der Menschheit und ihrer Geschichte wirklich engstens verbunden“ (GS 1).

Kirche ist authentisch da, wo in Treue zur Sendung Jesu den Armen das Evangelium verkündet wird (vgl. Lk 7,22). Auf dem Weg dieser universalen Sendung zu allen Menschen bis zum Ende der Zeit lässt sich die Kirche nicht von irdischem Glanz, Reichtum und Machtstreben bestimmen, sondern allein von dem einen Beweggrund: „unter der Führung des Geistes, des Trösters, das Werk Christi selbst weiterzuführen, der in die Welt kam, um der Wahrheit Zeugnis zu geben; zu retten, nicht zu richten; zu dienen, nicht sich bedienen zu lassen“ (GS 3).

Eine arme Kirche für die Armen

Was Benedikt XVI. mit seiner Forderung nach einer gewissen „Entweltlichung“ der Kirche, also ihrer stetigen Ausrichtung am Evangelium, angesprochen hat, greift Papst Franziskus in *Evangelii gaudium* wieder auf, wenn er schreibt: „Ich wünsche eine arme Kirche für die Armen“ (EG 198).

Dem Nein zu einer spirituellen Weltlichkeit (vgl. EG 93–97) steht ein Ja zur Herausforderung einer wahrhaft missionarischen Spiritualität gegenüber (vgl. EG 78–80). Wenn Jesus die „Armen im Geiste“ seligpreist und ihnen das Himmelreich verheißt (vgl. Mt 5,3), bietet er nicht einer weltflüchtigen und verantwortungsscheuen Spiritualisierung und Idealisierung seines Evangeliums eine Rechtfertigung. Geistliche Armut heißt vielmehr: radikale Gleichgestaltung mit der Gesinnung und dem Geschick Christi. Dies bedeutet, dass der geisterfüllte Mensch sich im Unterschied zum irdisch gesinnten Menschen auf das einlässt, was ihm der Geist Gottes, der Geist Christi sagt (vgl. 1 Kor 2,14). Ein Jünger Jesu darf sein Herz nicht an den trügerischen Reichtum, an die Vergänglichkeit der Macht und des öffentlichen Ansehens hängen. Vom Sklavendienst für falsche Götzen wird er befreit, um mit all seinem materiellen Besitz und seinen geistigen und geistlichen Gaben anderen zu dienen, um wie Jesus ein „Mensch für andere" (Dietrich Bonhoeffer) zu werden. Das ist die wahre Freiheit, „zu der Christus uns befreit hat" (Gal 5,1). Diese Haltung geistlicher Armut als innere Freiheit in Christus verbindet die Verheirateten im Herrn, die sich zurecht auch um das leibliche Wohl der Familie sorgen, mit jenen Christen, die ein Armutsgelübde abgelegt haben. Dieses Charisma der zeichenhaften freiwilligen Armut verweist auf die umfassende Abhängigkeit aller von Gott und auf die Solidarität mit allen Armen, die sich materiell und seelisch in Not befinden. Über alle sozialen und ethnischen Schranken hinweg sind die Glaubenden in Christus geeint. Und sie setzen ihre Hoffnung allein auf den einen und dreifaltigen Gott, der durch die Kirche sein Werk der Erlösung und Befreiung geschichtlich fortsetzt, bis er selbst es am Ende der Zeit vollendet.

Die Kirche und wir als ihre Glieder sind immer in der Versuchung, uns vor der Welt durch den Aktivismus eines wohlinstitutionalisierten geistlich-sozialen Betriebs als unentbehrlich zu präsentieren, um uns so bei den Mächtigen und Meinungsführern Geltung zu verschaffen. Die Einrichtungen der Kirche, ihre kulturellen Leistungen und karitativen Anstrengungen und das kirchliche Vermögen drohen hier, statt als Mittel zu dienen, zum Zweck an sich zu werden, von dem wir uns beherrschen lassen. Das ist der Ungeist der Weltlichkeit und des Verlangens, mehr den Menschen als Gott zu gefallen: Papst Franziskus wird nicht müde, gerade davor zu warnen. Jesus verheißt, den Beistand vom Vater her zu senden. Der Geist Gottes ist „der Geist der Wahrheit, den die Welt nicht empfangen kann, weil sie ihn nicht sieht und kennt. Ihr aber kennt ihn, weil er bei euch bleibt und in euch sein wird“ (Joh 14,17).

Ohne gleich ins gegenteilige Extrem einer Spiritualisierung und Idealisierung von Glauben und Kirche zu verfallen, geht es darum, die Krise des Relativismus und Säkularismus in manchen Teilen der Kirche zu überwinden. Endzeitstimmung und innere Emigration werden überwunden durch ein neues Vertrauen auf Gottes Vorsehung, die am Ende alles zum Besten führen wird. Statt Aktionismus und einer bloß technischen Professionalität sind die persönliche Liebe zu Jesus Christus und ein von seinem Geist erfülltes Bekenntnis des Glaubens gefragt. Obwohl wir nach außen fest sind in unseren dogmatischen Überzeugungen und in unserer religiösen Praxis, klammern wir uns doch insgeheim oft an ökonomische Sicherheiten, an ein Machtgefühl und Ansehen bei den Menschen, statt in der Mission unser Leben für die anderen aufzuopfern. „Lassen wir uns den missionarischen Enthusiasmus nicht rauben!" (EG 80), ruft uns Papst Franziskus entgegen.

Die in Christi menschlicher Natur arm und in seiner göttlichen Natur reich gewordene Kirche geht den Weg des Evangeliums. Sie wird von Christus in den Armen evangelisiert und bringt den Armen das Evangelium Christi (vgl. EG 198). Im Feuer der Liebe zu Christus, in den Hungernden und Dürstenden und in allen Werken der leiblichen und geistlichen Barmherzigkeit, muss der Eisberg der spirituellen Weltlichkeit auftauen. Mit der Verkündigung des Evangeliums an die materiell, mitmenschlich und geistlich Bedürftigen und an alle, die nach Gerechtigkeit, Liebe und ewigem Leben mit Gott verlangen, erfüllt die Kirche ihren Auftrag, im Vollzug von *Martyria*, *Leiturgia* und *Diakonia* Christus in ihrer Gemeinschaft zu vergegenwärtigen.

Jesus Christus hat in seiner Menschwerdung die Armut des Geschaffenseins in allen ihren Facetten angenommen. Wir dürfen nicht an der materiellen, ökonomischen und politischen Oberfläche von Armut haften bleiben. Wie Papst Franziskus im Vorwort zum Buch „Armut. Die Herausforderung für den Glauben", das ich mit Gustavo Gutierrez herausgeben habe, schreibt, ist in einem ursprünglichen Sinn die Armut eine Umschreibung unserer Kontingenz. Wir sind Geschöpf und stehen vor Gott mit leeren Händen. Aber unsere leeren Hände und unser offener Geist sind uns von Gott gegeben, und sie strecken sich unserem Schöpfer entgegen. Nicht gedemütigt und gekränkt wegen unserer Verwiesenheit auf den Schöpfer und Vater, sondern froh und dankend – eucharistisch – empfangen wir von ihm das Brot, das wir täglich brauchen. Weil wir auf ihn hin geschaffen sind, geht unser Verlangen nach Wahrheit und Liebe nicht ins Leere. Gott kommuniziert mit uns in seinem Wort, in seinem Sohn Jesus Christus, der unser Menschsein angenommen und unser Menschenlos geteilt hat. Er ist das wahre Brot vom Himmel. Er gibt sich uns als Speise und Trank zum ewigen Leben. So verführt uns die Vergänglichkeit alles Irdischen nicht zum tragischen Existentialismus. Unser Dasein in der Welt ist vielmehr ausgerichtet auf eine Logos-bestimmte, das heißt Sinn-erfüllte Teilhabe an der Wahrheit und

Liebe Gottes in der Schöpfung, der Heilsgeschichte und der Vollendung in seiner Ewigkeit. Statt Pessimismus, Melancholie und Todessehnsucht à la Schopenhauer leben wir von der „Hoffnung, die nicht zugrunde gehen lässt, weil die Liebe Gottes ausgegossen ist in unsere Herzen durch den Heiligen Geist, der uns gegeben ist" (Röm 5,5). Nicht Weltschmerz, sondern *Evangelii gaudium*, die Freude des Evangeliums, ist unsere PIN – die *Personal Identification Number* des Christen.

Menschsein im Glauben an Jesus Christus ist immer eucharistische Existenz. Aber Christus hat die menschliche Natur nicht nur abstrakt und an sich angenommen, sondern auch in der geschichtlichen Konkretheit ihrer Knechtung und Entstellung durch die Sünde. Mit einer jedes Gefüge des Menschenverstandes aufsprengenden Formulierung hat Paulus die Einbeziehung der Sünde mit all ihrer destruktiven Gewalt in das gottmenschliche Geheimnis Jesu ausgedrückt: „Er hat den, der keine Sünde kannte, für uns zur Sünde gemacht, damit wir in ihm Gerechtigkeit Gottes würden" (2 Kor 5,21). Alles, was Hass gegen Gott, brutale Verletzung der Menschenrechte heißt, Versklavung und Ausbeutung, die himmelschreiende Verweigerung von Solidarität und Bruderliebe, ist so vom Geheimnis der Liebe und Barmherzigkeit umschlossen, damit wir Kinder Gottes werden, Schwestern und Brüder des Herrn. Die Sünde der Welt wird vom Lamm Gottes getragen, erlitten und überwunden. Er, der alle destruktive Gewalt an sich erleidet, wird durch seine gewaltlose Antwort zum Überwinder des Bösen und des Leidens. Sein Kreuz wird zum Zeichen der Hoffnung und zum Sakrament der Versöhnung der Menschen mit Gott und untereinander. Er hat unsere geschöpfliche Armut, unser Ausgeliefertsein an Tod und Sünde angenommen und mit dem Reichtum seiner Gottheit erfüllt. Er hat uns neu geschaffen, „damit wir für die Sünde tot seien und für die Gerechtigkeit leben" (1 Petr 1,24).

In der Nachfolge Christi erkennen wir, dass das Christentum nicht eine elitäre philanthropische Weltanschauung mit einer humanitär-sozialen Praxis ist, gemütlich eingelullt in religiös-sentimentale Selbsterlebnisse, ein narzisstischer Egotrip des spirituellen Selbstgenusses. Nicht die Verwirklichung des Selbst, seiner Interessen und Leidenschaften, sondern der Dienst am Reich Gottes ist die innere Form und das äußere Maß des Christseins, nämlich „euch selbst als lebendiges und heiliges Opfer darzubringen, das Gott gefällt, das ist für euch der wahre und angemessene Gottesdienst" (Röm 12,1) – die *logiké latreia*. Unser Glaube an Christus ist der Beginn eines lebenslangen Prozesses des Sterbens des alten Adam und einer täglichen Weggemeinschaft mit dem auferstandenen Herrn. „Ich bin mit Christus gekreuzigt worden; nicht mehr ich lebe, sondern Christus lebt in mir. Soweit ich aber noch in dieser Welt lebe, lebe ich im Glauben an den Sohn Gottes, der mich geliebt und sich für mich dahingegeben hat" (Gal 2,19f.). Ein Auszug aus der realen Welt ins Reich der Ideale, der Abschied von der persönlichen und öffentlichen Verantwortung in der Nostalgie für verlorene Paradiese und goldene Zeitalter, eine Privatisierung und Verjenseitigung der christlichen Botschaft widersprechen dem, was Gott uns in der Schöpfung und im Ereignis der Erlösung geoffenbart, und all dem, was er uns mit seinem Sohn und seinem Geist geschenkt hat. Ja, Christus hat die Welt der Sünde und Bosheit, des Leides und des Todes überwunden. Er kam nicht in sein Eigentum, um die unendliche Distanz zwischen Gott und Welt zu betonen, sondern um unter uns zu wohnen und uns nahe zu sein, um als Gott-mit-uns immer bei uns zu bleiben. „Allen, die ihn aufnahmen, gab er Macht, Kinder Gottes zu werden“ (Joh 1,12).

Erst von Jesus Christus her erkennen wir im Licht der göttlichen Berufung des Menschen das ganze ökonomische, politische, gesellschaftliche Ausmaß von Not und Elend von Menschen, die ein Leben unterhalb aller Standards eines menschenwürdigen Lebens führen müssen. Es sind Millionen von Mitmenschen, denen das Notwendigste an Nahrung, Kleidung und Wohnung fehlt, die sich weder eine Kranken- noch eine Altersfürsorge leisten können, denen die gleichberechtigte Teilnahme an den kulturellen Gütern verweigert wird und die politisch nicht als mündige und gleichberechtigte Bürger anerkannt werden, sondern auf Kosten des Gemeinwohls zu Objekten des Strebens der Mächtigen nach einem Monopol an Einfluss, Geltung und Reichtum herabgewürdigt werden.

Denken wir an die unzähligen Scharen von Menschen, die Opfer von Ungerechtigkeit und Gewalt wurden: in Krieg und Genozid, durch Versklavung und Vergewaltigung, Kriminalität und Terrorismus. Die Geschichte liest sich streckenweise wie ein Hohn der Bösen über die Gerechten: „Wo ist denn nun dein Gott?“ (Ps 42,11). Es sind unsere Brüder und Schwestern, Wesen aus Fleisch und Blut, die ihrer Menschenwürde beraubt sind. Mit dem Blick auf diesen Ozean von Blut und Tränen, der die Geschichte der Menschheit überflutet, könnte sich niemand des Gefühls der Verzweiflung, des abgründigen Nihilismus oder des Protestes gegen das Schicksal oder gegen Gott erwehren, wenn nicht der Gott und Vater Jesu Christi im Kreuz und in der Auferstehung seines Sohnes den Opfern ungerechter Gewalt Gerechtigkeit verschafft hätte, ja wenn er nicht den Menschen, die alle Herrlichkeit verloren hatten, „die Gerechtigkeit Gottes aus dem Glauben an Jesus Christus geoffenbart“ hätte (Röm 3,22). Das Weltgericht ist der Sieg der Liebe über den Hass.

Angesichts des tragischen Scheiterns der modernen Fortschrittsideologien und der versuchten Selbsterlösung in einem kapitalistischen oder sozialistischen Paradies auf Erden, kurz eines „Humanismus ohne Gott“, stellen sich die Grundfragen neu, wie sie so nachhaltig in *Gaudium et spes* formuliert sind: „Was ist der Mensch? Was ist der Sinn des Schmerzes, des Bösen, des Todes – alles Dinge, die trotz solchen Fortschritts noch immer bestehen? Wozu diese Siege, wenn sie so teuer erkauft werden mussten? Was kann der Mensch der Gesellschaft geben, was von ihr erwarten? Was kommt nach diesem irdischen Leben?" (GS 10).

Die Kirche errichtet nicht ein weiteres Monument der Selbsterlösung neben all den von Menschen erdachten und zum Untergang verurteilten Welterklärungen und Weltverbesserungsprogrammen, weil ihr Glaube nicht von Menschen, sondern von Gott kommt. Sie bezeugt in Wort und Tat den Glauben, der ihr durch die Selbstoffenbarung Gottes geschenkt und anvertraut worden ist. Denn die Kirche glaubt: „Christus, der für alle starb und auferstand, schenkt dem Menschen Licht und Kraft durch seinen Geist, damit er seiner höchsten Berufung nachkommen kann. […] Sie glaubt ferner, dass in ihrem Herrn und Meister der Schlüssel, der Mittelpunkt und das Ziel der ganzen Menschheit gegeben ist" (GS 10). Im Licht Christi also erfüllt die Kirche ihre Sendung, nämlich die Menschen anzusprechen, um das Geheimnis des Menschen zu erhellen und an der Suche nach Lösungen für die Fragen unserer Zeit mitzuwirken.

Indem die Kirche den Armen und Bedrückten das Evangelium Christi verkündet und am Aufbau eines Gemeinschaftslebens in Freiheit, Solidarität und Gerechtigkeit bei Anerkennung der uneingeschränkten Würde eines jeden Menschen mitwirkt, geht sie den Weg Christi, der „das Werk der Erlösung in Armut und Verfolgung vollbrachte" (LG 8). Er war Gott gleich, entäußerte sich aber und nahm unsere Knechtsgestalt an. Darum ist er auch von Gott erhöht worden (vgl. Phil 2,6–11). Und wir erwarten vom erhöhten Herrn, der als Richter wiederkommen wird, dass er unseren armseligen Leib verwandeln wird in die Gestalt seines verherrlichten Leibes (vgl. Phil 3,20–21). Die Herrlichkeit Gottes offenbart sich in der Knechtsgestalt des Sohnes. Das *sacrum commercium* ist der Austausch von Reichtum und Armut zwischen Gott und Mensch. In Jesus Christus zeigt sich eine innere Einheit von *theologia crucis* und *theologia gloriae* sowohl in der christlichen Anthropologie wie auch in der Ekklesiologie. Denn Christus ist für uns der gekreuzigte und auferstandene Herr zugleich. Der unbekannte und nicht nennbare Gott hat sich uns zu erkennen gegeben und wir dürfen im Geist durch den Sohn „Abba, Vater" rufen (Röm 8,15), weil wir Kinder Gottes nicht nur heißen, sondern es in Wahrheit sind (vgl. 1 Joh 3,1). Das ist unsere Situation und zugleich die eschatologische Dynamik, die unser Verhalten zur Welt im Verhältnis zum Mysterium der Erlösung und der Lebensgemeinschaft mit Gott bestimmt: „Auch die Schöpfung soll von der Sklaverei und Verlorenheit befreit werden zur Freiheit und Herrlichkeit der Kinder Gottes" (Röm 8,21). Auf dem Antlitz der Kirche leuchtet die göttliche Herrlichkeit auf, damit so durch das Evangelium alle Menschen mit dem Licht Christi erleuchtet werden. Aber es ist eben nicht der „trügerische Reichtum" (Mk 4,13), der Glanz irdischer Herrlichkeit, Prachtentfaltung und Macht. Die Kirche folgt ihrem Herrn. Wenn sie leidet und verfolgt wird, erstrahlt gerade im Kreuz die Herrlichkeit Gottes, der „Glanz des Herrn“ (Lk 2,9), die „Fülle seiner Gnade“ (Joh 1,16).

Die Kirche als sichtbare Gemeinschaft in dieser Welt bedarf materieller Mittel nur, um ihre Aufgabe zu erfüllen, „nicht um irdische Herrlichkeit zu suchen, sondern um Demut und Selbstverleugnung auch durch ihr Beispiel auszubreiten. [...] Wie Christus umgibt die Kirche alle mit ihrer Liebe, die von menschlicher Schwachheit angefochten sind, ja in den Armen und Leidenden erkennt sie das Bild dessen, der sie gegründet hat und selbst ein Armer und Leidender war. Sie müht sich, deren Not zu erleichtern, und sucht Christus in ihnen zu dienen“ (LG 8). Während Christus, ihr Gründer und ihr Haupt, heilig und ohne Sünde war, „umfasst die Kirche Sünder in ihrem eigenen Schoß. Sie ist zugleich heilig und stets der Reinigung bedürftig. Sie geht immerfort den Weg der Buße und der Erneuerung“ (LG 8).

Eine authentische Befreiungstheologie

Hier ist der Ort, um von der wahren Befreiungstheologie zu reden. Sie entstand als eine besondere Antwort auf die Herausforderungen von Armut, Ausbeutung und Entwürdigung von Millionen von Menschen in Lateinamerika, einem katholischen Kontinent. Ihr christologisches

Paradigma ist die Begegnung mit Jesus, die Nachfolge des barmherzigen Samariters. Denn Jesus trat nicht auf als Guru einer Mystik des Übersinnlichen oder eines weltentsagenden Asketismus. Im Gegenteil: In seiner Verkündigung des Reiches Gottes mit der Heilung der Blinden, Lahmen, Tauben und der Zuwendung zu den Armen und Ausgestoßenen zeigt sich die Einheit zwischen der auf Gott bezogenen transzendenten Dimension und der mit-menschlichen immanenten Dimension des Heils. Sein Tod am Kreuz manifestiert nicht das tragische Scheitern, sondern schenkt die Erlösung von der Sünde und Ungerechtigkeit und offenbart die neue Einheit von Geschöpf und Gott.

Jesus ist am Kreuz gestorben, um die befreiende Liebe Gottes zu zeigen, die die Welt verwandelt und jedem Menschen eine reale und nicht eine illusorische Hoffnung gibt. Der Tod Jesu am Kreuz hat die Welt und die Geschichte zu einem Ort gemacht, an dem die neue Schöpfung beginnt – im Hier und Jetzt. Und so wird uns die Befreiung nicht bloß in reiner Innerlichkeit und im Augenblick unseres individuellen Todes zuteil. Vielmehr ist das Ende der Geschichte auch der Moment der Vollendung des Heils: in der Schau Gottes, in der ewigen Gemeinschaft der Liebe mit ihm und allen seinen Heiligen. In Jesus Christus, dem Gott-Menschen, ist eine ganz neue, eschatologische und definitive Beziehung von Gott und Welt verwirklicht. Christentum lässt sich nicht verkürzen auf ein Gefühl der Abhängigkeit vom Absoluten (Schleiermacher), auf ein Bewusstsein von der unendlichen Liebe eines himmlischen Vaters mit ein wenig sozialem Engagement (Harnack). Christsein ist nicht die Addition von Metaphysik und Ethik oder die Reduktion des einen auf den anderen Fragekreis. Christsein ist nicht schöne Liturgie am Sonntag plus Sozialethik für den Alltag, und auch nicht traditionelle Form plus Gesellschaftskritik.

Christsein entsteht in der Begegnung mit Jesus und wird gelebt als Wagnis für andere. In seinem „Entwurf einer Arbeit" skizzierte Dietrich Bonhoeffer 1944 im Gefängnis die Antwort auf die Frage: „Was ist eigentlich christlicher Glaube?" folgendermaßen: „Unser Verhältnis zu Gott ist kein ‚religiöses' zu einem denkbar höchsten, mächtigsten, besten Wesen – das ist keine echte Transzendenz –, sondern unser Verhältnis zu Gott ist ein neues Leben im ‚Dasein-für-andere', in der Teilnahme am Sein Jesu. Nicht die unendlichen, unerreichbaren Aufgaben, sondern der jeweils gegebene, erreichbare Nächste ist das Transzendente. Gott in Menschengestalt, nicht wie bei orientalischen Religionen in Tiergestalten als das Ungeheure, Chaotische, Ferne, Schaurige; aber auch nicht in den Begriffsgestalten des Absoluten, Metaphysischen, Unendlichen etc.; aber auch nicht die griechische Gott-Menschengestalt des ‚Menschen an sich', sondern der ‚Mensch für andere', darum der Gekreuzigte. Der aus dem Transzendenten lebende Mensch" (Widerstand und Ergebung. Neuausgabe 1970, 414).

In dieser Perspektive möchte ich einige der tiefsten Einsichten der Theologie der Befreiung hervorheben. In einem Vortrag, den Gustavo Gutiérrez Mitte der 1990er Jahre – im Beisein von Kardinal Ratzinger – gehalten hat, betonte er: „Es ist wichtig, dass in einem letzten Schritt die Option für die Armen eine Option für den Gott des Reiches ist, das Jesus uns verkündigt." Und er fuhr fort: „Der endgültige Grund für den Einsatz für die Armen und Unterdrückten liegt folglich nicht in der Gesellschaftsanalyse, derer wir uns bedienen, auch nicht in der direkten Erfahrung, die wir mit der Armut machen können, oder in unserem menschlichen Mitleid. All dies sind gültige Begründungen, die zweifelsohne eine bedeutsame Rolle in unserem Leben und in unseren Beziehungen spielen. Dennoch baut dieser Einsatz für die Christen grundlegend auf dem Glauben an den Gott Jesu Christi auf. Er ist eine theozentrische Option und eine prophetische Option, die ihre Wurzeln in der Gratuität der Liebe Gottes hat und von ihr gefordert wird."

Jesus Christus ist gestorben, damit der Mensch in allen Bereichen der Existenz Gott als Heil und Leben erfährt. Daraus entsteht der ursprüngliche – christologische – Impuls der Theologie der Befreiung, der so formuliert werden kann: Es ist nicht möglich, von Gott zu sprechen ohne tätige, verwandelnde und deshalb praktische Teilnahme am komplexen und integralen, von ihm angestoßenen befreienden Handeln, mittels dessen die Geschichte zu einem Prozess wird, in dem sich die Freiheit realisiert. Und umgekehrt kann die Kirche sich nicht auf die Verbesserung der Lebensbedingungen der Armen beschränken und sie gleichzeitig um Gott und das Evangelium betrügen. Dies wäre eine noch schlimmere Diskriminierung, ein Mangel an geistlicher Zuwendung und zusätzliches Leid für die Armen. Papst Franziskus stellt in *Evangelii gaudium* fest: „Die riesige Mehrheit der Armen ist besonders offen für den Glauben; sie brauchen Gott, und wir dürfen es nicht unterlassen, ihnen seine Freundschaft, seinen Segen, sein Wort, die Feier der Sakramente anzubieten und ihnen einen Weg des Wachstums und der Reifung im Glauben aufzuzeigen. Die bevorzugte Option für die Armen muss sich hauptsächlich in einer außerordentlichen und vorrangigen religiösen Zuwendung zeigen" (EG 200).

Wenn die Kirche also, zusammen mit dem Menschengeschlecht und in der Geschichte, im Dienst dieses Planes Christi steht, dann kann sie – wie Dietrich Bonhoeffer schreibt – „nur Kirche sein, wenn sie für andere da ist" (Wiederstand und Ergebung. Neuausgabe 1970, 415). Es ergibt sich eine letzte Unterscheidung der Geister, und jeder steht vor einer inneren Wahl. *Entweder* gilt: „Freude und Hoffnung, Trauer und Angst der Menschen von heute, besonders der Armen und Bedrängten aller Art, sind auch Freude und Hoffnung, Trauer und Angst der Jünger Christi" (GS 1), *oder* sie sind nicht wirklich Jünger Jesu. Anders gesagt: *Entweder* zeigt die Kirche sich in dieser Sichtweise nicht als eine von der

Welt abgetrennte und sich selbst genügende religiöse Gemeinschaft, sondern als universales Heilssakrament (vgl. LG 48), *oder* die Kirche ist, was ihr Wesen und ihre Sendung betrifft, nicht ganz Kirche. Die Kirche ist wahrhaft Kirche, wenn sie ihrer befreienden Sendung für das integrale Heil der Welt treu ist, die ihren Ursprung in der Botschaft Jesu von der Freiheit und der Befreiung und im Handeln Jesu hat, wie dies auch die Instruktion der Kongregation für die Glaubenslehre *Libertatis conscientia* von 1986 darlegt.

Wie zu Zeiten von Bartolomé de Las Casas, dem Gustavo Gutiérrez eine umfassende Studie gewidmet hat, steht Gott auch heute konsequent auf der Seite der Armen und wirkt dahin, sie zur Freiheit zu führen und ihnen die Teilnahme an der Erfüllung des von ihm versprochenen vollständigen Heils für alle Menschen zu ermöglichen. Aus dieser Perspektive wird schließlich absolut klar, dass die Rede von der „historischen Macht der Armen" (Gutiérrez) weit entfernt ist von der Formulierung einer Ideologie im Dienst „ewig wiederkehrender" utopischer oder Gewalt hervorbringender Projekte. Unter „historischer Macht der Armen" ist nicht die gewaltsame Eliminierung einer gesellschaftlichen Klasse, einer Ethnie oder Religion durch eine andere als Weg zur Beseitigung von Unterdrückung und Ungerechtigkeit zu verstehen, um so das vermeintliche Paradies auf Erden oder die klassenlose Gesellschaft zu erreichen. Vor solchen Tendenzen einer ideologisch verfälschten Befreiungstheologie hat die Glaubenskongregation in der Instruktion *Libertatis nuntius* von 1984 gewarnt. Diskriminierend sind schließlich Hilfsprogramme aus kapitalistisch-laizistischen Ländern, die Entwicklungshilfe an die Übernahme der Genderideologie und Bevölkerungspolitik mit Abtreibung und Zwangssterilisationen knüpfen – und sich so erneut des Verbrechens des Kolonialismus schuldig machen.

Die Liebe Gottes umfasst auch die Herrschenden, die Ausbeuter, die Menschenhändler, Drogendealer und Mafiosi. Sogar die mehr als gerechte und im Sinn einer notwendigen Theodizee immer zu rechtfertigende Drohung mit der ewigen Verdammnis entspringt letztlich der göttlichen Liebe, die in Christus die Sünden und Verbrechen auf sich genommen hat, um Buße und Umkehr zu ermöglichen. Die Predigt von Gericht und Gnade befreit sie aus der ihnen eigenen Sklaverei: von der typischen Sklaverei der Habgier, der „Wurzel aller Übel" (1 Tim 6,10), und von der Vergötzung des Geldes und der Macht. Diese Götzen bewirken, dass ihre Anbeter nie den Frieden des Herzens finden und ihre Gier sie am Ende selbst verschlingt.

Vor allem aber zeigt die Theologie der Befreiung – im Gegensatz zu dem, was der Marxismus mit seinem Zwillingsbruder, dem kapitalistischen Liberalismus, sagt –, dass das Christentum gerade nicht eine „Vertröstungsideologie" oder „Platonismus für das Volk" (Nietzsche) oder bloße Illusion und Projektion ist. Die echte Theologie der Befreiung macht deutlich, dass in Wahrheit nur Gott, der Vater Jesu Christi, und das Evangelium von Gnade und Wahrheit eine authentische und beständige Rolle für die Humanisierung des Menschen spielen können, und zwar sowohl in individueller als auch in gesellschaftlich-sozialer Hinsicht. Das ist es, was in anderen Worten Johannes Paul II. in seinem Schreiben an die brasilianische Bischofskonferenz von 1986 in die treffliche Aussage zusammengefasst hat: Die richtig verstandene Theologie der Befreiung „ist nicht nur opportun, sondern nützlich und notwendig".

Das Urteil von Papst Johannes Paul II. hat nichts von seiner Aktualität eingebüßt, es gilt heute sogar noch mehr: In einer Zeit, in der Feindseligkeit und Habgier übermächtig geworden sind, in einer Zeit, in der wir wie nie zuvor jenes lebendigen Gottes bedürfen, der uns geliebt hat bis zum Tod, beugt sich der barmherzige Samariter in seiner unermesslichen Liebe, in der Fleischlichkeit der konkreten Existenz, über die Leidenden, die Unterdrückten und jene, die des Heils am meisten bedürfen. Treffend sagte Papst Franziskus am 27. Juli 2013 in Rio de Janeiro: „Es braucht also eine Kirche, die fähig ist, den Mutterschoß der Barmherzigkeit wiederzuentdecken. Ohne Barmherzigkeit ist es heute kaum möglich, Zugang zu finden in eine Welt von ‚Verletzten', die Verständnis, Vergebung und Liebe brauchen."

Ein Blick in die Heilige Schrift zeigt, dass die Bundesgeschichte eine Befreiungsgeschichte ist: mit einer immer deutlicher hervortretenden Option Gottes für die Armen, Notleidenden und Ausgebeuteten, so dass sich aus der Soteriologie immer auch eine Sozialethik ergeben muss. Gemeint ist die Sozialethik als theologische Disziplin, weil die *Diakonia*, die *Caritas*, ein Wesensvollzug von Kirche darstellt. Die befreiende Mission der Kirche nimmt ihren Ausgang in der befreienden Botschaft Jesu und seiner Reich-Gottes-Praxis. Die Kirche fördert „die Grundlagen der Gerechtigkeit in der zeitlichen Ordnung" (*Libertatis conscientia* 62). und bleibt ihrer prophetisch-kritischen Sendung treu, „wenn sie die Irrwege, Sklavereien und Unterdrückungen anprangert, denen die Menschen zum Opfer fallen" (*ebd.* 65). Die Kirche verurteilt aber ihrer Sendung gemäß auch die Methoden, die Gewalt mit Gewalt, Terror mit Terror und Entrechtung mit Entrechtung vergelten.

Bei allen seelischen und materiellen Übeln, von der große Teile der Menschheit in ungerechten Systemen geplagt werden, ergreift die Kirche die vorrangige „Option für die Armen" nicht, um Konflikte anzuheizen, sondern um Schranken zwischen Klassen zu überwinden und um die Solidarität, die Menschenwürde und die Subsidiarität zu den allgemein geltenden Prinzipien einer Gesellschaftsordnung zu machen.

Im Verhältnis von persönlicher Sünde und Strukturen ist zu sagen, dass es „eine Struktur der Sünde" (Johannes Paul II., *Sollicitudo rei socialis* 36) als Ergebnis von kollektiven Fehlentwicklungen und als Ausdruck falscher Mentalitäten gibt. Diese können deshalb Sünde genannt werden, weil sie wie böse Begehrlichkeit aus der Ursprungssünde, dem Tod der Seele, kommen und zur Sünde hinführen. Dies schließt aber die individuelle Verantwortung des Einzelnen nicht aus. Keiner kann sich damit entschuldigen, dass das ökonomisch-politische System ihn gezwungen habe, andere Menschen auszubeuten und zugrunde zu richten. Nirgends bestimmen sogenannte geschichtlich notwendige Prozesse gleichsam fatalistisch den Menschen und entheben ihn des freien Gebrauchs seiner Verantwortung vor Gott. Nicht das „Schicksal" oder „geschichtliche Gesetzmäßigkeiten", ethnische, kulturelle und soziologische Vorgaben, sondern die *providentia Dei* bestimmt den Lauf der Geschichte in Bezug auf die menschliche Freiheit und ihre Vollendung in der Liebe – sowohl im irdischen Leben, wie auch im Hinblick auf die übernatürliche Berufung des Menschen.

Es bleibt somit der Vorrang der Person vor der Struktur. Deshalb hat die befreiende Praxis der Christen, die sich aus der Erlösung von der Sünde und der Mitteilung der Gnade ergibt, sowohl die Veränderung und stetige Verbesserung der materiellen und gesellschaftlichen Lebensbedingungen zur Folge, wie sie auch die personale

Begegnung von Mensch zu Mensch in der Liebe Christi als das Herzstück des Christseins begreift: „Eine noch nie da gewesene Herausforderung ist heute den Christen gestellt, die sich um die Verwirklichung der Zivilisation der Liebe bemühen, die das ganze ethisch-kulturelle Erbe des Evangeliums in sich zusammenfasst. Diese Aufgabe verlangt eine neue Besinnung auf das, was das Verhältnis zwischen dem Hauptgebot der Liebe und der sozialen Ordnung in ihrer ganzen Vielschichtigkeit bildet". Es geht um die „großen Anstrengungen in der Erziehung zur Zivilisation der Arbeit, zur Solidarität" und um „den Zugang aller zur Kultur" (*Libertatis conscientia* 81). Eine solche Anstrengung der ganzen Kirche ist notwendig für die Armen in der einen, globalen Welt, der Schöpfung Gottes.

Mit Worten von Papst Franziskus möchte ich diese Überlegungen zur Armut als Weg der Evangelisierung beschließen: „Für die Kirche ist die Option für die Armen in erster Linie eine theologische Kategorie und erst an zweiter Stelle ein kulturelle, soziologische, politische oder philosophische Frage. Gott gewährt ihnen seine erste Barmherzigkeit. Diese göttliche Vorliebe hat Konsequenzen im Glaubensleben aller Christen, die dazu berufen sind, so gesinnt zu sein wie Jesus (vgl. Phil 2,5) Von ihr inspiriert hat die Kirche eine Option für die Armen gefällt. […] Aus diesem Grund wünsche ich mir eine arme Kirche für die Armen. Sie haben uns vieles zu lehren. Sie haben nicht nur teil am *sensus fidei*, sondern kennen außerdem dank ihrer eigenen Leiden den leidenden Christus. Es ist nötig, dass wir alle uns von ihnen evangelisieren lassen. Die neue Evangelisierung ist eine Einladung, die heilbringende Kraft ihrer Leben zu erkennen und sie in den Mittelpunkt des Weges der Kirche zu stellen. [...] Der Arme wird, wenn er geliebt wird, hochgeschätzt, und das unterscheidet die authentische Option für die Armen von jeder Ideologie, von jeglicher Absicht, die Armen zugunsten persönlicher oder politischer Interessen zu gebrauchen. Nur das macht es möglich, dass sich die Armen in jeder christlichen Gemeinde wie zu Hause fühlen. Wäre dieser Stil nicht die großartigste und wirkungsvollste Vorstellung der Frohen Botschaft vom Reich Gottes?“ (EG 198–199).

Theologische Kriterien für die Kirchen- und Kurienreform

Rom, l'Osservatore,
8. Februar 2015

Der Kirche geht es um das Evangelium, um die Wahrheit, um das Heil. Die Geschichte der vergangenen zwei Jahrtausende lehrt uns: Immer wenn sich die Kirche von weltlichem Denken und Modellen irdischer Machtausübung befreit, ist der Weg für eine geistliche Erneuerung in Jesus Christus, ihrem Haupt und Lebensquell, freigelegt. In Lehre, Leben und Verfassung nimmt sie nicht am *Dominium* der Könige, sondern am *Ministerium* der Apostel Maß: „Wir wollen ja nicht Herren über euren Glauben sein, sondern wir sind Helfer zu eurer Freude" (2 Kor 1,24).

Dies sieht man bei allen Versuchen einer Reform an Haupt und Gliedern, etwa bei der Gregorianischen Reformbewegung im 11. Jahrhundert, als es um die *Libertas Ecclesiae* ging, bei der Tridentinischen Reform im 16. Jahrhundert, oder auch beim Aufbruch der Kirche im II. Vatikanischen Konzil, in das die biblischen, patristischen, liturgischen und ekklesiologischen Erneuerungsbewegungen des 19. und 20. Jahrhunderts einmündeten. Die weltliche Macht des Papstes sowie der Fürst- und Hofbischöfe hatte die geistliche Sendung der Kirche manchmal überlagert. In der Liaison von politischer Macht und geistlichem Dienst zeigte sich nicht selten der verderbliche Einfluss des Macht- und Prestigedenkens. Verheerender noch waren das neuzeitliche Staatskirchentum im Gallikanismus und im Josephinismus sowie das königliche Patronat im spanischen und portugiesischen Weltreich mit der Unterwerfung der Kirche unter die Staatsraison. Doch nicht der gesellschaftliche Konsens, die Funktion des Christentums als Zivilreligion oder die Kontakte mit Trägern politischer Macht verleihen der Kirche Bedeutung, sondern das Wort des Heils für die Menschen, besonders für die Armen an den Peripherien des Lebens.

Der Herr hat die Kirche als Sakrament des Heils für die Welt gestiftet (vgl. *Lumen gentium*, Nr. 48), „damit alle Menschen gerettet werden und zur Erkenntnis der Wahrheit gelangen" (1 Tim 2,4). Nicht mit den Maßstäben von Macht, Reichtum und Prestige kann die Kirche sich selbst verstehen oder sich vor der Welt rechtfertigen wollen. Eine Besinnung auf Wesen und Sendung der Kirche Gottes ist deshalb Grundlage und Voraussetzung für jede echte Reform.

Angesichts des Versagens der Menschen gibt es immer wieder die Versuchung, die Kirche zu spiritualisieren und ins Reich der Ideale und Träume zu verlagern – jenseits der Abgründe von Versuchung, Sünde, Tod und

Teufel, als ob wir nicht durch das Tal von Kreuz und Leiden zur Herrlichkeit der Auferstehung gelangen müssten. Die Kirche bildet – in einer gewissen Analogie zur Inkarnation des Wortes Gottes – eine innere Einheit von geistlicher Gemeinschaft und sichtbarer Versammlung und dient so als Zeichen und Werkzeug des Heils dem Geist Gottes, um das Werk Christi unter den Menschen fortzusetzen. Darum gilt: Sie ist zugleich heilig und heiligend von Gott her, und sie ist, was uns Menschen auf dem Pilgerweg des Glaubens betrifft, „stets der Reinigung bedürftig, sie geht immerfort den Weg der Buße und Erneuerung" (*Lumen gentium*, Nr. 8).

In diesem Sinn hat Benedikt XVI. von der Notwendigkeit einer gewissen Ent-Weltlichung der Kirche im Gegenzug zu ihrer Ver-Weltlichung gesprochen. Papst Franziskus hat dies mit dem Thema der „armen Kirche für die Armen" entschieden aufgegriffen. Die Kirche darf nicht der Versuchung zur Selbstsäkularisierung in Anpassung an die säkulare Gesellschaft und einem Leben ohne Gott nachgeben.

In seiner Weihnachtsansprache am 22. Dezember 2014 unterstrich der Heilige Vater den Vorrang des geistlichen Ziels der Kirche vor den irdischen Mitteln, die nicht Selbstzweck werden dürfen. Diese Ansprache ist eine geistliche Mahnrede und ein Gewissensspiegel für die ganze Kirche. Nicht die Größe des Kirchenvermögens oder die Zahl der Beschäftigten in unseren Einrichtungen, sondern der Geist der Liebe, in dem die Kirche den

Menschen durch Verkündigung, Sakramente und Caritas dient, ist der Kompass der Erneuerung. Die Reform der römischen Kurie, die Gegenstand der Debatten im Vorkonklave 2013 war, soll beispielhaft sein für die spirituelle Erneuerung der ganzen Kirche.

Die Kurie ist keine profane Verwaltungsstruktur, sie ist eine geistliche Einrichtung, die in der besonderen Sendung der Kirche von Rom wurzelt, welche durch das Martyrium der Apostel Petrus und Paulus geheiligt ist. Das Ziel einer Kurienreform wird nicht erreicht, wenn man von Experten aus Politik und Wirtschaft den Masterplan erwartet, so hilfreich ihre Ratschläge auch sein mögen. Wenn die Kirche keine weltliche Organisation ist, kann sie nicht an ihrer Natur vorbei mit rein weltlichen Mitteln, sondern nur aus ihrem geistlichen und sakramentalen Wesen heraus erneuert werden.

„Bei der Ausübung der höchsten, vollen und unmittelbaren Gewalt über die Gesamtkirche bedient sich der Papst der Behörden der römischen Kurie. Diese versehen folglich ihr Amt in seinem Namen und mit seiner Vollmacht zum Wohl der Kirche und als Dienst, den sie den geweihten Hirten leisten“ (*Christus Dominus*, Nr. 9). Das II. Vatikanische Konzil hat von dieser theologischen Beschreibung her eine zeitgemäße Neuorganisation der Kurie angeregt. Die strukturelle Ordnung und Arbeitsweise der Kurie hat ihr Maß an der spezifischen Sendung des Bischofs von Rom. Dieser ist als der Nachfolger Petri das von Christus seiner Kirche geschenkte „immerwährende und sichtbare Prinzip und Fundament für die Einheit der Vielheit sowohl von Bischöfen als auch von Gläubigen“ (*Lumen gentium*, Nr. 23). Wie wir die Kirche nur im Licht des geoffenbarten Glaubens von einer rein menschlichen Religionsgemeinschaft unterscheiden können, so verstehen wir auch nur im Glauben, dass der Papst und die Bischöfe eine sakramentale und heilsvermittelnde Vollmacht haben, die uns mit Gott verbindet. Das unterscheidet sie von Leitern, die sich jede Religionsgemeinschaft aus soziologischen und organisatorischen Gründen gibt.

In der Ortskirche ist der vom Heiligen Geist eingesetzte Bischof (vgl. Apg 20,28) Stellvertreter Christi, Prinzip und Fundament der Einheit, und keineswegs bloß Delegat oder Stellvertreter des Papstes. Die Lehre vom Primat des Papstes und von der Kollegialität der Bischöfe ist als Ausdruck der gemeinsamen Sorge für die ganze Kirche als *Communio Ecclesiarum* zu verstehen. Darum lässt sich die Beziehung zwischen Universal- und Teilkirche nicht mit weltlichen Organisationsformen erfassen. Die Gesamtkirche ist weder eine nachträgliche Summe von Teilkirchen, noch sind die Teilkirchen Unterabteilungen der Gesamtkirche. Es handelt sich um eine innere Verschränkung von Gesamt- und Teilkirche. Die Kirche ist der eine Leib Christi, sie wird vom Bischofskollegium *cum et sub Petro* geleitet und repräsentiert.

Der Papst, in dem die Einheit und Ungeteiltheit des Episkopats und der ganzen Kirche sichtbar wird, wirkt selbst als Bischof der Ortskirche von Rom. Der Primat ist durch das Wirken des Apostels Petrus als Bischof von Rom und vor allem durch sein Martyrium auf immer mit der römischen Kirche verbunden. So wie „der Bischof in der Kirche ist und die Kirche im Bischof" (Cyprian, *ep.* 66,8), so ist auch der römische Bischof nie Hirte der universalen Kirche ohne seine Verbindung mit der Kirche von Rom. Wie das Haupt vom Leib nicht zu trennen ist, so ist auch die Verbindung des Bischofs von Rom mit der römischen Kirche unauflöslich. Deshalb spricht die Tradition oft auch vom Primat der römischen Kirche. Der Papst übt den Primat immer zusammen mit der römischen Kirche aus. Als das sichtbare Haupt der Kirche von Rom ist er zugleich das sichtbare Haupt der ganzen Kirche. Wegen der besonderen Autorität ihrer Gründung durch Petrus und Paulus (*propter potentiorem principalitatem*) muss jede andere Kirche im apostolischen Glauben mit der Kirche von Rom übereinstimmen (vgl. Irenäus von Lyon, *Adv. haer.* III,3,3,2). So sind die Prädikate der einen, heiligen, katholischen und apostolischen Kirche in der römischen Kirche *a fortiori* verwirklicht. Sie heißt seit alters her auch die heilige römische Kirche – nicht wegen der subjektiven Heiligkeit ihres Hauptes und ihrer Glieder, sondern wegen der Heiligkeit ihrer spezifischen Sendung, die darin besteht, die apostolische Tradition, das *depositum fidei*, unversehrt zu bewahren und getreu weiterzugeben. Der Primat der römischen Kirche hat nichts mit irgendeiner Herrschaft über andere Kirchen zu tun. Seiner inneren Natur nach besteht er im „Vorsitz der Liebe" (Ignatius von Antiochien, *Rom. prol.*), im Dienst an der Einheit des Glaubens und der Gemeinschaft aller Kirchen.

Seinen universalen Hirtendienst übt der Papst persönlich und unmittelbar aus, weil er in seiner Person der Nachfolger Petri ist, auf den der Herr seine Kirche gebaut hat. Aber er tut dies auch durch die Unterstützung, die ihm von der römischen Kirche her zukommt. Im Laufe der Geschichte hat sich aus den Bischöfen der suburbikarischen Bistümer und den wichtigsten Presbytern und Diakonen der Kirche von Rom das Kardinalskollegium herausgebildet. Wie sich in der Diözese das Presbyterium, vertreten durch den Priesterrat, zum Bischof verhält, so ähnlich ist das Kardinalskollegium gleichsam das „presbyteriale" *Consilium* für den Papst in seinem universalen Hirtendienst. Die neuere Bestimmung, dass auch die Kurienkardinäle die Bischofsweihe erhalten sollen, entspricht ihrer Einordnung in das Kollegium der Bischöfe, was etwa für die *Ad Limina* – Besuche der Bischöfe von nicht geringer Bedeutung ist.

Bei allen geschichtlichen Wandlungen hat sich die Grundidee durchgehalten, dass die römische Kirche in der Form des Kollegiums der Kardinäle den universalen Hirten- und Lehrauftrag des Papstes mitträgt. Größere Gruppen von Kardinälen und einige Bischöfe, die vom Papst ernannt werden, bilden die römischen Kongregationen, denen ein bestimmter Sachbereich zugewiesen ist. Die römische Kurie besteht im Kern aus den Kongregationen, den Päpstlichen Räten und den Gerichtshöfen. Sie bildet keine Zwischeninstanz zwischen dem Papst und den Bischöfen, weil durch die bischöfliche Kollegialität eine unmittelbare Verbindung zwischen dem Papst und jedem einzelnen Bischof gegeben ist. Die Kardinäle und Bischöfe der Kurie unterstützen den Papst in seinem Dienst an der katholischen Einheit und stellen ihm die geeigneten Mittel für die Ausübung seines Hirten- und Lehramtes bereit. Im Rahmen ihres Auftrags und ihrer Entscheidungskompetenz garantieren die Kardinalpräfekten das Zusammenwirken der Mitglieder, der Konsultoren, der Mitarbeiter eines Dikasteriums und der zugeordneten Kommissionen und verantworten die Beratungs- und Arbeitsergebnisse vor dem Papst. Dieser wird durch die Tätigkeit der Kurie in keiner Weise eingeschränkt, sondern nur unterstützt in dem Primat, der ihm als dem Nachfolger Petri für die Weltkirche übertragen ist.

Die Arbeitsweise der römischen Kurie ist kollegial – in Analogie zur Kollegialität des Presbyteriums unter der Leitung ihres Bischofs. Der Präfekt ist nur der Leiter und Repräsentant, während die Väter in der Vollversammlung einer Kongregation gleiche Verantwortung für das Wohl der ganzen Kirche tragen. Für die Reform der Kurie ist es bedeutsam, dass sie sich als eine geistliche Familie versteht. Zusammenarbeit, Sorge füreinander, Gebet und Eucharistie, Exerzitien, Mitarbeit in der

Pastoral und Verkündigung geben der Sacharbeit ein geistliches Gepräge und die nötige pastorale Grundausrichtung.

In diesem Zusammenhang ist es von Bedeutung, die römische Kurie von den zivilen Institutionen des Vatikanstaates zu unterscheiden, deren Organisation eher den Gesetzen staatlicher Verwaltung unterworfen ist und welche die politische Unabhängigkeit der Kirche garantieren. Auch die Bischofssynode ist streng genommen nicht Teil der römischen Kurie. Sie ist Ausdruck der Kollegialität der Bischöfe in Gemeinschaft mit dem Papst und unter seiner Leitung (vgl. *Christus Dominus*, Nr. 5). Die römische Kurie dagegen hilft dem Papst in der Ausübung seines Primates für alle Kirchen. Formell unterscheiden sich Kurie und Bischofssynode also dadurch, dass die Kurie den Papst in seinem Einheitsdienst unterstützt, während die Bischofssynode die Katholizität der Kirche zum Ausdruck bringt. Denn alle Bischöfe haben teil an der Sorge für alle Kirchen (vgl. *Lumen gentium*, Nr. 23). Konkret greifen beide Missionen ineinander, weil bei der Synode in der Regel die Leiter der römischen Dikasterien teilnehmen und viele Synodenteilnehmer auch Mitglieder von Kongregationen und Päpstlichen Räten sind.

Die Bischofssynode, die Bischofskonferenzen und andere Zusammenschlüsse von Bischöfen gehören einer anderen theologischen Kategorie an als die römische Kurie. Nur wer sich in den Denkmustern von Macht, Einfluss und Geltung bewegt, macht aus dem organischen Zueinander von Primat und Episkopat einen Streit um Kompetenzen. Der Heilige Geist, dem wir uns nie verschließen dürfen, schafft Harmonie zwischen den Polen der Einheit und der Vielheit, zwischen der Gesamtkirche und den Teilkirchen, wie auch in den Teilkirchen selbst. Der Geist der Welt hingegen sät Streit und Misstrauen. Gesunde Dezentralisierung kann nicht heißen, dass nun die Bischofskonferenzen mehr „Macht" erhalten, sondern dass sie die genuine Verantwortung ausüben, die ihnen aufgrund der bischöflichen Lehr- und Leitungsvollmacht ihrer Mitglieder zukommt, freilich immer in Einheit mit dem Primat des Papstes und der römischen Kirche.

Kurien- und Kirchenreform ist mehr als effizientere Organisation, Umstrukturierung, Kostenersparnis und Ausgabenkontrolle. Sie hat zum Ziel, die Sendung des Papstes und der Kirche in die Welt von heute und morgen stärker zum Leuchten zu bringen. Die Kirche sieht sich von einem weltweiten Säkularismus herausgefordert, der den Menschen in bislang ungekannter Radikalität ohne Gott definiert, ihm die Tür zur Transzendenz verriegelt und ihm auch den Boden der Menschlichkeit unter den Füßen wegzieht. In der Diktatur des Relativismus (Benedikt XVI.) und in der Globalisierung der Gleichgültigkeit (Papst Franziskus) verschwimmen die Grenzen zwischen Wahrheit und Lüge sowie zwischen Gut und Böse. Die Herausforderung für die Amtsträger und die Mitglieder der Kirche besteht darin, dass sie sich nicht von diesen weltlichen Krankheiten infizieren lassen bzw.

davon geheilt werden. Damit in der Kirche die Herrlichkeit Gottes als Licht für jeden Menschen aufleuchtet, vollzieht Papst Franziskus eine „geistliche Tempelreinigung“, die zugleich schmerzlich und befreiend wirkt. Was die Reform von Kirche und Kurie bewirken soll, kann uns aufleuchten, wenn wir uns wie die Jünger an das Wort der Schrift erinnern: „Der Eifer für dein Haus verzehrt mich“ (Joh 2,17).

Zehn Jahre Papst Benedikt

Nachwort des Verlegers Manuel Herder

Der vorliegende Band ist das Ergebnis einer Vortragsveranstaltung anlässlich der zehnjährigen Wiederkehr der Wahl von Papst Benedikt, zu der ich in den Campo Santo Teutonico eingeladen habe. Gerhard Kardinal Müller hat dort, am 17. April 2015, einen Festvortrag gehalten, der in diesem Band in überarbeiteter Form unter dem Titel „Das Primat des Petrus und das Pontifikat der Päpste“ der Leserschaft zugänglich gemacht wird. Weitere Vorträge und kurze Notizen von Gerhard Kardinal Müller ergänzen diesen Vortrag nun. Gemeinsam ergeben sie ein Ganzes, nämlich einen Blick auf die beiden Päpste Benedikt und Franziskus. Sowohl mit der Veranstaltung als auch mit diesem Band möchte der Verlag Herder, möchte ich, dem deutschen Papst unsere Ehrerbietung zum Ausdruck bringen. Das Buch ist Papst em. Benedikt XVI. zur zehnjährigen Wiederkehr seiner Wahl zum Papst gewidmet.

Die Bilder welche ich für die Rückseite dieser Publikation ausgewählt habe, stehen für das jeweilige Pontifi-
… beiden Päpste Benedikt XVI. und Franziskus.
… etwas ausführlicher zu Papst Bene-
… entstand bei einer Ausstellung. Es

war die Ausstellung aller jemals veröffentlichten Bücher aus der Feder Joseph Ratzingers/Benedikts XVI. Über 600 Bücher. Alle Sprachen, alle Ausgaben, jeweils ein Exemplar. Ich hatte diese Ausstellung ins Leben gerufen anlässlich der Reise von Papst Benedikt nach Deutschland. Organisiert hat sie unser Lektor Dr. Stephan Weber, der die Gesamtausgabe der Schriften Joseph Ratzingers betreut und die Libreria Editrice Vaticana. Gezeigt wurde sie in Castel Gandolfo, im Campo Santo Teutonico und im Verlagshaus Herder in Freiburg, vor und während des Papstbesuchs im Jahr 2011.

Benedikt hat sie freilich nur in Castel Gandolfo besichtigt. Im Rahmen einer Audienz konnten wir die Ausstellung eröffnen, die FAZ titelte „Benedikts Buchmesse". Bei diesem Anlass entstand das Foto auf dem Cover. Was zeigt es? Durch die lange Reihe zweier Büchertische hindurch sieht man den Papst auf einem goldenen Stuhl sitzen. Um ihn herum stehen Menschen, die sich dem Papst zuwenden. Eine Person spricht ein Begrüßungswort (es ist der Direktor der Libreria Editrice Vaticana). Alle anderen hören zu, ebenso der Papst. Zwischen seinen Büchern allerdings, auf dem glatt polierten Marmorboden der Sala Svizzera, spiegelt sich das Bild des Papstes. Diese Fotografie bringt für mich ein Phänomen zum Ausdruck, dessen wir uns mit zunehmendem Abstand vom Pontifikat Benedikts bewusst werden, nämlich die große Diskrepanz in der Wahrnehmung dieses Papstes durch diejenigen, die ihn durch seine Texte, Schriften und Predigten versteh wollen, und durch diejenigen, die sein Pontifikat in erster Linie nach tagespolitischen Maßstäben bewertet haben.

Das über Jahrzehnte gewachsene Werk Joseph Ratzingers findet in der auf sechzehn Bände hin angelegten Werkausgabe „Joseph Ratzinger Gesammelte Schriften" zu einem großen publizistischen Œuvre zusammen.

Erschließt man das Pontifikat Benedikts XVI. durch seine Schriften und Texte, ergeben sich viele Überraschungen für den Leser. Die Überraschungen haben natürlich mit dem Autor und Verfasser dieser Texte zu tun, aber auch mit dem Leser selbst. Das Denken Benedikts XVI. ist geprägt von einer großartigen Kenntnis der europäischen Geistes-, Kultur- und Theologiegeschichte. Die Erwartungen der Leser an diesen Autor entstammen ihrem je eigenen Werdegang und ihren je eigenen Erwartungen an die Ämter, die Joseph Ratzinger in der Kirche innehatte. Das scheint Papst Benedikt nicht gestört zu haben, im Gegenteil. Seine Jesus-Bücher veröffentlicht er unter dem Namen Joseph Ratzinger / Benedikt XVI. und schreibt im Vorwort zum ersten Band: „Gewiss brauche ich nicht eigens zu sagen, dass dieses Buch in keiner Weise ein lehramtlicher Akt ist, sondern einzig Ausdruck meines persönlichen Suchens ‚nach dem Angesicht des Herrn' (vgl. Ps 27,8). Es steht daher jedermann frei, mir zu widersprechen. Ich bitte die Leserinnen und Leser nur um jenen Vorschuss an Sympathie, ohne den es kein Verstehen gibt." Nach der Veröffentlichung der Jesus-Bände war es für mich faszinierend zu erleben, wie verschiedene Leserinnen und Leser jeweils ganz unterschiedliche Interpretationen und persönliche Rückschlüsse aus dem Text zogen. Es kam mir vor wie mit Menschen, die seit vielen Jahren oder Jahrzehnten Sonntag für Sonntag durch den gleichen großen botanischen Garten oder Park spazieren gehen. Sie kennen den Ein- und Ausgang, die Öffnungszeiten, wissen, wo der Kiosk ist und wo welche Pflanzengruppen, von kleinen Farnen angefangen bis zu den großen Mammutbäumen, angesiedelt sind. Durch die Lektüre der Jesus-Bücher war ihnen, als ob jemand sie bei der Hand genommen und durch den ihnen vertrauten Garten geführt habe. Er nahm sie mit zu den einzelnen Pflanzen und erklärte ihnen die Herkunft, Geschichte und Besonderheiten jeder Pflanze. Wo sie ursprünglich heimisch sind, welcher Forscher sie als Erster entdeckte und nach Hause mitbrachte, wie sie zu pflegen sind und welche Medikamente man aus diesen Pflanzen gewinnen kann. Aus einem zunächst undifferenziert als Ganzes wahrgenommenen Garten tauchten unzählige Details auf. Vielen Leserinnen und Lesern wurde so ein neues Verständnis zu eigen für die einzelnen Bestandteile, die diesen Garten – um im Bild zu bleiben – ausmachen. Jeder hat an unterschiedlicher Stelle zugehört und nicht alles gleichermaßen angenommen. Jeder hat jedoch erkannt, dass es im Verständnis des eigenen Glaubens an Gott bei Benedikt XVI. Anregungen gibt, die für ihn, für sie von persönlicher Bedeutung sind. Den Leserinnen und Lesern hat Papst Benedikt somit einen direkten Einblick in sein Denken geschenkt.

Spätere Generationen werden sich wundern, was über diesen Papst in den zeitgenössischen Zeitungen zu lesen war. In der Retrospektive wird, so denke ich, denjenigen am meisten Glaubwürdigkeit eingeräumt werden, die das Pontifikat durch ihr Verständnis der Texte erschließen können. Dann werden nicht mehr Pressemeldungen und Zeitungsartikel zu Rate gezogen werden, sondern die Bücher von Benedikt XVI.

Das erste Buch seines Pontifikates war „Werte in Zeiten des Umbruchs". Ein Taschenbuch, dessen Manuskript wir im Januar 2005 erhielten und welches somit rechtzeitig zum Konklave fertig war. Ich hatte einige Vorabexemplare mit nach Rom genommen und trug eines davon in meiner Manteltasche, als ich auf dem Petersplatz stand und die freudige Nachricht von der Wahl Joseph Ratzingers zum Papst miterleben konnte. Da, wo ich stand, waren Jugendgruppen in der Nähe. Schon bald begannen sie den Namen des neuen Papstes in Sprechchören zu rufen, begleitet von rhythmischem Händeklatschen. Zunächst noch etwas unbeholfen, aber schon nach wenigen Minuten in der Intonation, wie wir sie während des Pontifikates von den Gläubigen so oft zu hören bekamen: „Be-ne-detto, Be-ne-detto". Mit der Begeisterung der jungen Leute vom Petersplatz kam ich tags darauf nach Freiburg in den Verlag zurück, um mit der Arbeit für den neuen Papst zu beginnen. Erst viel später bemerkte ich, dass meinen katholischen Landsleuten die Petersplatz-Erfahrung und die dabei erlebte Begeisterung für den neuen Papst und das neue Pontifikat fehlten und viele aus einer Haltung des ratlosen Grübelns erst im Laufe der Zeit herausfinden konnten.

Mit dem Buch „Werte in Zeiten des Umbruchs“ startete der neue Papst auch auf den Bestsellerlisten unseres Sprachraumes. Ab dann machten wir in kurzer Zeit nahezu alle Texte Benedikts lieferbar. Viel später, nämlich zur Deutschlandreise 2011, begegnete ich einer mit mir gleichaltrigen Psychologin, die selbst fernab von Glaube oder gar katholischer Erziehung aufgewachsen war und nach der Wahl Benedikts per Zufall in diesem Taschenbuch zu lesen begann. Es begeisterte sie derart, dass sie sich nach und nach mit den Büchern des neuen Papstes beschäftigte und über diese einen Zugang zur Gottesfrage in ihrem eigenen Leben fand.

Der Leser des Buches „Licht der Welt“ konnte schon 2010 bei Benedikt nachlesen, dass ein Papst, wenn er zu der Erkenntnis kommt, dass er den Auftrag seines Amtes „physisch, psychisch oder geistig“ nicht mehr „bewältigen kann“, „ein Recht und unter Umständen auch eine Pflicht [hat] zurückzutreten“. Und er benannte auch den Zeitpunkt eines Rücktrittes, nämlich „in einer friedlichen Minute, oder wenn man einfach nicht mehr kann“. Auch dies ein Beispiel dafür, dass wir diesen Papst über seine Bücher verstehen lernen.

Im Folgenden möchte ich auf Papst Franziskus zu sprechen kommen. Das Bild, welches ich von ihm für diese Publikation ausgewählt habe, zeigt den Papst unter Flüchtlingen auf der Insel Lampedusa. Ich sehe es als Zeichen für seine Amtsführung.

Auch sein Pontifikat begann für uns im Verlag Herder mit Büchern. Schon wenige Wochen nach seiner Amtseinführung konnten wir ihm seine ersten Bücher in deutscher Sprache auf dem Petersplatz überreichen. Wir, das sind mein Bruder Raimund Herder, Verleger der Editorial Herder in Barcelona, und ich. Noch in der Nacht nach der Wahl zum Papst begann mein Bruder von Barcelona aus damit, die Rechte an den spanischsprachigen Büchern, die bislang nur in Südamerika vorlagen, für den deutschen Sprachraum zu erwerben und somit für uns zu sichern. In der Folge konnte der Verlag Herder in Freiburg 13 Bücher aus der Feder von Papst Franziskus verlegen.

Die ersten beiden Bücher sind maßgeblich und sagen möglicherweise mehr über den Papst und seine Art zu denken aus, als dem deutschsprachigen Publikum bislang geläufig ist. Zunächst verlegten wir das Buch „Offener Geist und gläubiges Herz“ und seinen phänomenalen Gesprächsband „Mein Leben, mein Weg – el Jesuita“. Beide Bücher erlauben einen Einblick in das Denken von Jorge Mario Bergoglio. Spannend wurde es für die deutsche Leserschaft mit den beiden kleineren Büchern, „Korruption und Sünde“ und „Über die Selbstanklage“. Spätestens hier wurde deutlich, dass das neue Pontifikat kein bequemes sein würde. Weder für ihn noch für uns. Die Bilder auf Lampedusa machen ansichtig, was schon in seinen Texten vor dem Pontifikat aufgezeigt wird.

Wie Papst Benedikt dienen wir auch Papst Franziskus verlegerisch in seinem Pontifikat. Anhand der Bücher ist einen Themenvielfalt zu erkennen und doch stets eine Rückbeziehung auf die Bilder seiner ersten Reise am Anfang des Pontifikats, nach Lampedusa, an die Grenzen der Kirche. Ich freue mich, dass wir vom Verlag Herder den Wandel in der Kirche unter Papst Franziskus genauso begleiten dürfen wie im Pontifikat Benedikts. Bücher verlegen ist für den Verlag Herder ein unternehmerischer und ein metaökonomischer Auftrag.

Mein herzlicher Dank gilt Herrn Kardinal Müller für den Vortrag im Campo Santo Teutonico und für die Veröffentlichung dieses und weiterer Texte in der vorliegenden Publikation zu Ehren von Papst em. Benedikt XVI. und im Gedenken an seine Wahl zum Papst vor zehn Jahren.

Freiburg, 19. April 2015 Manuel Herder